CINCO MINUTOS COM DEUS
e
Dom Luciano

Coleção cinco minutos com Deus

- *Cinco minutos com Deus e Abbé Pierre* – Alessandro Berello
- *Cinco minutos com Deus e Irmã Dulce* – Luzia Sena
- *Cinco minutos com Deus e Tiago Alberione* – Luzia Sena
- *Cinco minutos com Deus e Santa Teresinha* – Luzia Sena
- *Cinco minutos com Deus e Papa Francisco* – Luzia Sena
- *Cinco minutos com Deus e Padre Zezinho* – Luzia Sena
- *Cinco minutos com Deus e Dom Helder Camara* – Marcos Antonio

CINCO MINUTOS COM DEUS
e
Dom Luciano

Francesco Sorrentino (org.)

Dados Internacionais de Catalogação na Publicação (CIP)
Angélica Ilacqua CRB-8/7057

Cinco minutos com Deus e Dom Luciano / organizado por Francesco Sorrentino. - São Paulo : Paulinas, 2023.
128 p. (Coleção Cinco minutos com Deus)

ISBN 978-65-5808-220-0

1. Vida cristã 2. Almeida, Luciano Mendes de, 1930-2006 3. Sacerdócio I. Sorrentino, Francesco II. Série

23-2108 CDD 248.2

Índice para catálogo sistemático:

1. Vida cristã

1ª edição – 2023

Direção-geral: *Ágda França*
Editora responsável: *Fabíola Medeiros de Araújo*
Copidesque: *Mônica Elaine G. S. da Costa*
Coordenação de revisão: *Sandra Sinzato*
Revisão: *Marina Mendonça*
Gerente de produção: *Felício Calegaro Neto*
Capa e diagramação: *Elaine Alves*

Nenhuma parte desta obra poderá ser reproduzida ou transmitida por qualquer forma e/ou quaisquer meios (eletrônico ou mecânico, incluindo fotocópia e gravação) ou arquivada em qualquer sistema ou banco de dados sem permissão escrita da Editora. Direitos reservados.

 Cadastre-se e receba nossas informações
www.paulinas.com.br
Telemarketing e SAC: 0800-7010081

Paulinas

Rua Dona Inácia Uchoa, 62
04110-020 – São Paulo – SP (Brasil)
✆ (11) 2125-3500
✉ editora@paulinas.com.br
© Pia Sociedade Filhas de São Paulo – São Paulo, 2023

Deus é gratuidade, nós somos gratidão.
Deus é Amor. Amar como Deus ama é empreender
a aventura espiritual de amar primeiro.
É o mistério do perdão: quem perdoa,
não perdoa porque o outro pediu desculpas,
mas perdoa porque é bom; então,
é sempre o amor que faz perdoar.

Dom Luciano

Introdução

Dom Luciano Pedro Mendes de Almeida (1930-2006), homem imbuído pelo Evangelho de Jesus Cristo, continua sendo fonte de inspiração para a vida de muitas pessoas. Como jesuíta, deixou-se nortear pela espiritualidade inaciana para em tudo amar e servir. Desde a juventude apaixonou-se por Jesus Cristo, que se tornou o eixo da sua existência e a razão do seu serviço aos empobrecidos e marginalizados. Diga-se de passagem: Dom Luciano não só amou os pobres como também escolheu a pobreza como estilo de vida, para ser, como o Mestre, um evangelizador sem privilégios e para identificar-se com aqueles que mais sofrem.

Aproximava-se das pessoas perguntando: "Em que posso servir?". Nesta mesma perspectiva de serviço por amor, ele orientou o ministério episcopal como bispo auxiliar em São Paulo-SP (1976-1988), como arcebispo de Mariana-MG (1988-2006) e como secretário e presidente da Conferência Nacional do Bispos do Brasil (1979-1995). Vivenciou seu pastoreio de forma profética, construindo pontes de paz, no Brasil e além-fronteiras, e tornando-se porta-voz dos injustiçados.

Atento observador, Dom Luciano procurava na Sagrada Escritura chaves de leitura tanto para interpretar a realidade como para poder discernir a vontade do Pai em cada momento. Todos os seus escritos são ecos da Palavra de Deus e abordam com insistência a relevância da fé em Jesus Cristo; a caridade traduzida em serviço; a opção preferencial pelos pobres; a centralidade da Eucaristia na vida do crente; a imprescindibilidade do perdão para a construção de uma nova sociedade; a defesa da vida e da dignidade humana, entre outras temáticas.

Este livro pretende ajudar o leitor a conhecer mais de perto Dom Luciano Mendes e proporcionar-lhe uma interiorização profunda da Palavra de Deus, bem como pode auxiliar na oração pessoal ou comunitária e oferecer pistas de meditação ou até "luzes" em horas sombrias. Enfim, cabe ao leitor escolher como utilizar este modesto subsídio: ler de forma continuada ou garimpar os temas mais úteis nas páginas que seguem. Que os *Cinco minutos com Deus e Dom Luciano* sejam um tempo precioso para a renovação da esperança e da alegria da vida cristã.

Pe. Francesco Sorrentino
Presbítero do Pontifício Instituto das Missões Exteriores – PIME

1

A certeza do amor de Deus

E nós, que cremos, reconhecemos o amor que Deus tem para conosco. Deus é amor: quem permanece no amor, permanece em Deus, e Deus permanece nele. Nisto se realiza plenamente o seu amor para conosco: em que tenhamos firme confiança no dia do julgamento; pois, tais como é Jesus, somos nós neste mundo. No amor não há medo. Ao contrário, o perfeito amor lança fora o medo, pois o medo implica castigo, e aquele que teme não chegou à perfeição do amor.

(1 João 4,16-19)

Para todo homem existe um nível de solidão e de mistério que nenhum amor humano consegue penetrar e desvendar. É por isso que a descoberta de Deus e de seu amor transforma tanto a vida humana. Deus me ama, então, perdoa meu pecado, aproveita meus sofrimentos, dá sentido a tudo que parecia diminuir-me a meus próprios olhos, valoriza o que faço, vê no escondimento, descobre sempre a intenção de bem, torna-se minha recompensa, e o futuro fica assegurado pela certeza de seu amor de Pai. Deixando-me envolver pelo seu amor, entro na paz. Minha vida está nas suas mãos.

2

Deus é Pai e nós somos irmãos

Vós, portanto, orai assim: Pai nosso que estás nos céus, santificado seja o teu nome; venha o teu Reino; seja feita a tua vontade, como no céu, assim também na terra. O pão nosso de cada dia dá-nos hoje. Perdoa as nossas dívidas, assim como nós perdoamos aos que nos devem. E não nos introduzas em tentação, mas livra-nos do Maligno.

(Mateus 6,9-13)

A consciência de que Deus é Pai de todos nós e de que ele nos faz irmãos uns dos outros torna impossível rezar a esse Deus sem perceber a injustiça clamorosa que há no grande desnível entre filho e filha, entre irmão e irmã. Voltam à mente as situações que tristemente conhecemos: injustiças sociais, desproporção na distribuição das rendas, salários extremamente distanciados uns dos outros, ausência de condições mínimas de vida para a pessoa humana [...]. A interpretação é teológica. E, em razão de o homem realmente fechar o coração a seu irmão e deixar de reconhecer nele a dignidade da pessoa, imagem de Deus, ele gera cada vez mais estruturas de injustiça.

3

A indiferença mata

Dos teus bens, filho, dá esmola, e não desvies o rosto de nenhum pobre, para que de ti não se desvie a face de Deus. Segundo o que tiveres, conforme a importância dos teus bens, dá a esmola. Se tiveres pouco, não receies dar a esmola desse pouco. Assim garantes, para ti, um prêmio valioso no dia do infortúnio. Pois a esmola livra da morte e não deixa ir para as trevas. De fato, a esmola é uma oferenda valiosa para todos os que a dão na presença do Altíssimo.

(Tobias 4,7-9)

Um dia eu estava indo celebrar a missa. Na praça de Belém, em São Paulo – região em que vivi durante doze anos como bispo auxiliar –, de manhã muito cedo, ainda estava meio escuro e fazia frio, eu caminhava depressa para a igreja. Vi um grupinho de homens parados em círculo. Aproximei-me.

Havia um homem estendido sobre um banco de pedra. Perguntei o que acontecera. Responderam-me que tinha morrido de fome. "Mas como podem saber?" "Olhe os olhos e a boca." Precisei convencer-me de que tinham razão. Que tristeza! Um homem perto de nós, de todos nós, que talvez não comesse havia dias. Que sofrimento! Quem dera soubéssemos agir de modo a impedir que houvesse pessoas morrendo de fome, enquanto tantos de nós sempre têm o que comer! Deus nos perdoe essa gravíssima omissão! Ainda vejo diante de mim aquele olhar fixo, frio, de um homem de cerca de cinquenta anos, cuja vida findara-se por não haver mais amor em nosso coração que nos fizesse partilhar com ele o nosso pão.

4

Buscar o rosto de Deus

Ouve, S<small>ENHOR</small>, a minha voz! Eu clamo, tem piedade de mim! Responde-me! Meu coração se lembra de ti: "Buscai minha face". Tua face, S<small>ENHOR</small>, eu busco. Não me escondas teu rosto, não rejeites com ira o teu servo.

(Salmo 27,7-9)

É impossível pensar que a contemplação se pratica exclusivamente no retiro, abandonando as pessoas que sofrem, que lutam. Com a graça de Deus, pode-se fazer uma experiência singular de oração que se prolongue na experiência da solidariedade, em favor de quem está doente, de quem sofre nos cárceres, nas favelas, nos cortiços [...].

É importante entender que Nosso Senhor se faz presente como alguém se faz presente ao irmão. Assim como Cristo está presente e unido a nós, também quer que nós nos façamos presentes na vida dos outros, levando-lhes o alívio da solidariedade, a alegria da partilha da vida e a possibilidade de crescer na amizade [...]. Contemplar é ver Nosso Senhor presente, quer na meditação pessoal, quando a luz sobrevém e ele nos comunica a sua vida, quer na convivência com esses irmãos que vivem em condições tão desumanas. A unidade decorre do amor, que prolonga a comunhão com Deus e com os irmãos.

5

Viver bem o presente

Sede, pois imitadores de Deus como filhos queridos. Portanto, ficai bem atentos à vossa maneira de proceder. Procedei não como insensatos, mas como pessoas esclarecidas, que bem aproveitam o tempo presente, pois estes dias são maus. Não sejais sem juízo, mas procurai discernir bem qual é a vontade do Senhor.

(Efésios 5,1.15-17)

Sou um homem apaixonado pelo presente, enquanto sei que o presente nunca mais volta. O passado tem o seu valor absoluto na unidade da pessoa, o futuro tem a novidade da surpresa, mas o presente o que é? É o instante da transparência da consciência, ao qual o indivíduo é chamado a entrar em comunhão com Deus no que acontece, a dividir o sofrimento e a alegria na presença de Deus.

Alguém é consciente quando se faz presente, sente-se chamado a partilhar consigo mesmo a plenitude do momento atual, da amizade, do trabalho, do desafio, do sofrimento. Isso me parece belo, por um lado, porque a pessoa sempre tem alguma coisa a fazer, ao ser chamada a viver o desafio do momento presente; por outro lado, tem um pouco de paz, porque cada momento traz consigo uma beleza especial, um pouco da graça de Deus.

6

Rodeados por testemunhas

Portanto, com tamanha nuvem de testemunhas em torno de nós, deixemos de lado tudo o que nos atrapalha e o pecado que nos envolve. Corramos com perseverança na competição que nos é proposta, com os olhos fixos em Jesus, que vai à frente da nossa fé e a leva à perfeição.

(Hebreus 12,1-2a)

A história da Igreja está repleta de testemunhos dos discípulos, que, fortalecidos pela Eucaristia, a exemplo da Mãe de Deus, dão sua vida na confiança no Pai e na entrega ao próximo, transformando o mundo pelo amor.

Recordemos tantos nomes, entre os quais Dom Oscar Romero, assassinado ao celebrar a Eucaristia, Padre João Bosco Burnier, Irmã Cleusa e, mais recentemente, Irmã Dorothy. Lembro-me especialmente do cardeal vietnamita Francisco Xavier Van Thuan, que, em comunhão com Cristo na Eucaristia, manteve-se sereno e confiante. Conseguiu superar nove anos de cárcere no isolamento total e venceu pelo amor, perdoando a quantos o mantinham na prisão.

Mas a força da Eucaristia se manifesta igualmente nos gestos de amor de mães e pais que vivem na fé a dedicação aos filhos, no cuidado dos filhos com os pais, no amparo aos idosos e enfermos, na doação aos membros da comunidade, aos necessitados, assegurando alimentos, oportunidades de trabalho, auxílio para a saúde e outros. São testemunhas silenciosas do amor gratuito que Cristo nos comunica na Eucaristia.

7

A lição de Maria

O anjo respondeu: "O Espírito Santo descerá sobre ti, e o poder do Altíssimo te cobrirá com a sua sombra. Por isso, aquele que vai nascer será chamado santo, Filho de Deus. Também Isabel, tua parenta, concebeu um filho na sua velhice. Este já é o sexto mês daquela que era chamada estéril, pois para Deus nada é impossível". Maria disse: "Eis aqui a serva do Senhor! Faça-se em mim segundo a tua palavra". E o anjo retirou-se.

(Lucas 1,35-38)

A Virgem Maria é modelo para nossa vida cristã. Ela confiou sempre em Deus e disse, com alegria, o "sim" que marcou sua vida. Não teve medo diante do mistério de sua maternidade divina, mas enfrentou o exílio e o silêncio da vida com serenidade. Sofreu com Jesus as incompreensões da vida pública. Ficou ao lado do seu Filho na cruz. Confortou os Apóstolos e aguardou, na paz, a manhã da Ressurreição. Sua vida é um poema de confiança e abandono nas mãos de Deus.

Precisamos aprender com nossa Mãe a ver o mundo à luz de Deus, a acreditar na vitória de Jesus Cristo sobre o pecado e a morte e a enfrentar unidos os desafios da vida [...]. O cristão sabe que Deus está presente na história e inspira sempre novas forças para a construção de um mundo conforme seu plano de amor [...]. Nossa Senhora, diante dos acontecimentos, meditava em seu coração e percebia a ação de Deus, fiel a seu amor. O canto do *Magnificat* é um hino de confiança à misericórdia de Deus para com seu povo.

8

Missão além-fronteiras

Jesus se aproximou deles e disse: "Foi-me dada toda a autoridade no céu e na terra. Ide, pois, fazer discípulos entre todas as nações, e batizai-os em nome do Pai, do Filho e do Espírito Santo. Ensinai-lhes a observar tudo o que vos tenho ordenado. Eis que estou convosco todos os dias, até o fim dos tempos".

(Mateus 28,18)

Durante quatro séculos, recebemos missionários generosos que dedicaram sua vida a evangelizar nosso país. É verdade que nossas igrejas ainda precisam de missionários, mas somos convocados a dar de nossa pobreza. Metade dos católicos em todo o mundo vive em nosso continente. Até hoje os recebemos. É dever de caridade restituir o bem, oferecendo o trabalho apostólico de missionários latino-americanos a países não cristãos. Vale para nós o mandamento de Jesus: "Ide e fazei discípulos a todas as gentes". [...]

Aprendamos a não partir como colonizadores. Não pretendamos pensar que nossas culturas são melhores, mas colocar em comum a beleza da religiosidade de nosso povo, a experiência das comunidades eclesiais de base, o florescimento dos ministérios, a esperança da libertação e a alegria de nossa fé. [...] Possam muitos jovens generosos ouvir a força do chamado missionário e dedicar sua vida à causa da evangelização!

9

Corações transformados

Derramarei sobre vós água pura e sereis purificados. Eu vos purificarei de todas as impurezas e de todos os ídolos. Eu vos darei um coração novo e porei em vós um espírito novo. Removerei de vosso corpo o coração de pedra e vos darei um coração de carne. Porei em vós o meu espírito e farei com que andeis segundo minhas leis e cuideis de observar os meus preceitos.

(Ezequiel 36,25-27)

Fazer a experiência do amor gratuito significa amar com o coração de Deus. Neste mundo deformado e congelado, tudo se torna egoísmo: um carro quer ultrapassar o outro, ninguém cede lugar a uma pessoa idosa, quem tem dinheiro vale mais, um homem pode esperar horas aguardando sua vez de ser atendido no hospital e não há ninguém que se interesse por crianças doentes, abandonadas, neste mundo de frieza, neste mundo de "coração de pedra". Como diz a Escritura, amar com o coração de Deus significa fundir a dureza, a pedra; iluminar as trevas significa aquecer a frieza, destruir o egoísmo.

10

É preciso evangelizar!

Anunciar o Evangelho não é para mim motivo de glória. É antes uma necessidade que se me impõe. Ai de mim, se eu não anunciar o Evangelho! Se eu o fizesse por iniciativa minha, teria direito a uma recompensa. Mas, se o faço por imposição, trata-se de uma incumbência a mim confiada.

(1 Coríntios 9,16-17)

Evangelizar, irmãos, é anunciar a Boa-Nova do amor de Deus à humanidade, em Jesus Cristo, seu Filho. É anunciar o amor infinito do próprio Cristo, Jesus Cristo, ontem, hoje e sempre. Percebemos que a nossa civilização não é a civilização do amor. Mas somos atraídos pelo fascínio do ter, do prazer e do poder [...].

Evangelizar é ver essa realidade e entender que somos chamados a anunciar Jesus Cristo, aquele que vence o pecado, que vence a morte. Jesus Cristo é o Senhor da vida e da esperança. Evangelizar significa realizar aquele ideal de vida que Jesus Cristo nos traz na confiança para com o Pai. Como Filho de Deus, ele nos ensina a entrar no mistério da Santíssima Trindade e dizer: "Pai nosso que estais no céu", e a acreditar nos desígnios de amor, no seu Reino de vida e de esperança para todos nós.

Evangelizar é procurar imitar o Cristo, nesse amor sempre maior para com o Pai, e procurar nos abandonar ao Pai, conhecer sua vontade e realizá-la na nossa vida e na sociedade. Evangelizar, hoje, irmãos, significa assumir o testemunho de vida de imitação de Jesus Cristo na comunhão fraterna.

11

Amar é servir

Foi durante a ceia. O diabo já tinha seduzido Judas Iscariotes para entregar Jesus. Sabendo que o Pai tinha posto tudo em suas mãos e que de junto de Deus saíra e para Deus voltava, Jesus levantou-se da ceia, tirou o manto, pegou uma toalha e amarrou-a. Derramou água numa bacia, pôs-se a lavar os pés dos discípulos e enxugava-os com a toalha que trazia à cintura.

(João 13,2-5)

No cenáculo, Jesus Cristo reuniu seus discípulos para lhes fazer uma revelação ainda maior do que aquela que até então vinha fazendo em sua vida: a revelação do excesso do seu amor; tendo amado os seus, até o fim os amou [...].

Ele levanta-se da mesa, toma uma toalha, cinge-se e começa a lavar os pés de seus discípulos, dizendo: "Vós me chamais Mestre e Senhor, e dizeis bem, porque eu sou; logo, se eu sou Senhor e Mestre, e assim vos lavo os pés, também vós deveis lavar os pés uns dos outros. Deixei-vos o exemplo para que também vós façais assim como eu vos faço". Jesus Cristo revela o verdadeiro amor. O verdadeiro amor está em servir aquele a quem amamos, e é aí que podemos por um momento nos colocarmos diante da força, da revelação que o Cristo é para nós, do amor de Deus. Ele veio dizer aos homens o amor que Deus nos tem, a tal ponto de nos enviar o seu Filho.

12

Em favor da paz

Às nações ele dará a sentença, decisão para povos numerosos: devem fundir suas espadas, para fazer bicos de arado, fundir as lanças, para delas fazer foices. Nenhuma nação pegará em armas contra a outra e nunca mais se treinarão para a guerra.

(Isaías 2,4)

Todos anseiam pela paz, e ela parece ainda tão distante de nós. A paz não será fruto apenas de nossa boa vontade. Ela requer que superemos ódios e vinganças e sejamos capazes do perdão recíproco. Isso ninguém pode sem Deus. Por isso vamos pedir a Deus a paz, como um dom precioso que só ele poderá nos dar. [...] Quem anseia pela paz não pode aprovar a corrida armamentista, a destruição da natureza e as enormes injustiças sociais. A oração pela paz implica atitudes decididas em prol da justiça e da vida.

No Brasil, rezar pela paz significa empenhar-se pela ascensão das classes desfavorecidas, através de leis que assegurem o aumento de empregos, a adequada utilização da terra, a prioridade nos investimentos em alimentos, educação, moradia e saúde do povo. O esforço pela paz começa pelo respeito a Deus e à dignidade da vida humana, pela acolhida do nascituro, pelo desvelo às crianças.

13

O combate da vida

Entre eles na sinagoga estava um homem com um espírito impuro; ele gritava: "Que queres de nós, Jesus Nazareno? Vieste para nos destruir?" [...] Jesus o repreendeu: "Cala-te, sai dele!" O espírito impuro sacudiu o homem com violência, deu um forte grito e saiu. Todos ficaram admirados e perguntavam uns aos outros: "Que é isto? Um ensinamento novo, e com autoridade: ele dá ordens até aos espíritos impuros, e eles lhe obedecem!"

(Marcos 1,23-27)

A vida é um combate. Cristo luta contra a potência do mal. Cristo vence Satanás. O poder do mal é descrito por João como poder pessoal de que depende a mentira (Jo 8,44). Cristo é mais forte (Mc 3,27). A expulsão do demônio é sinal do advento do Reino (Mt 12,28). Esse combate me atinge, atinge minhas ideias e motivações. Tenho de pedir a Cristo que me liberte de apegos e preconceitos, temores, perda da paz, imaginações opressivas que me entravam e me impedem de fazer o bem (Gl 5,13). Estou mesmo livre do espírito do mundo, da ambição, da vontade de aparecer? Qual é o espírito que me guia? [...] Nesta oração, posso purificar meu olhar e meu coração e deixar-me possuir pelo espírito de Cristo, que me leva à total conformidade com sua vida, na aceitação dos caminhos do Pai, que me ama e sabe como deve salvar todos os homens.

14

No tempo da paciência

Ora, uma coisa não podeis desconhecer, caríssimos: para o Senhor, um dia é como mil anos, e mil anos como um dia. O Senhor não tarda a cumprir sua promessa, como alguns interpretam a demora. É que ele está usando de paciência para convosco, pois não deseja que ninguém se perca. Ao contrário, quer que todos venham a converter-se. O dia do Senhor chegará como um ladrão, e então os céus acabarão com um estrondo espantoso; os elementos, devorados pelas chamas, se dissolverão, e a terra será consumida com todas as obras que nela se encontrarem.

(2 Pedro 3,8-10)

O que é o "tempo da paciência"? É o tempo em que os homens estão fazendo o bem a seus irmãos, o Evangelho está sendo pregado, a conversão está acontecendo, o amor está sendo visibilizado, o "martírio", a "diaconia" e a "*koinonia*"[1] estão em ação. Resultado: qual é a nossa missão? É curtir realmente a vida, assumindo o dia a dia sem resmungar, numa total adequação à vontade de Deus. As coisas que podemos modificar, sejam modificadas, porque Deus está vencendo o mal; mas as coisas que não conseguimos ainda modificar, que assumamos e suportemos, pois pertencem à lógica de um mundo ainda em construção. A conclusão é esta: aprendamos de novo a rezar e a ver o mundo à luz da fé e da solidariedade na salvação.

---

[1] *Koinonia* é um termo grego e significa "comunhão".

15

A Palavra é luz

Lâmpada para meus passos é tua palavra, e luz no meu caminho.
(Salmo 119,105)

Destaco dois aspectos na leitura da Palavra de Deus: a Bíblia como livro de oração e discernimento para o agir cristão. Primeiro, é auxílio para nossa união com Deus. Ensina-nos a orar [...]. Quanta emoção sentimos ao rezar os Salmos, revivendo hoje e fazendo nossas as alegrias, sofrimentos, louvores e súplicas de outros tempos! Passando pelos profetas e justos do Antigo Testamento, chegamos à oração do Filho de Deus, que nos dá exemplo de total abandono nas mãos de Deus Pai; comunica aos discípulos o mistério de sua união filial, ensinando-lhes a rezar como ele rezava, animando-os a invocar Deus como Pai, com os mesmos sentimentos que ele possuía [...].

O outro aspecto ligado ao precedente é o da Palavra de Deus como luz para discernir as situações concretas e pautar o comportamento dos cristãos. A vida de Cristo e dos apóstolos constitui-se como caminho e norma no modo de agir de seus seguidores. Lendo a Bíblia, dispomo-nos a compreender as grandes lições do Evangelho, que transformam e renovam a convivência humana, marcada tantas vezes por violência, ódio e desesperança. Sem a Palavra de Deus, não alcançaríamos a verdade do perdão. Onde encontraríamos força interior para rezar por quem nos calunia e persegue, amar os que nos ofendem e pagar o mal com o bem?

16

Sem medo da morte

Irmãos, não queremos deixar-vos na ignorância a respeito dos mortos, para que não fiqueis tristes como os outros, que não têm esperança. Com efeito, se cremos que Jesus morreu e ressuscitou, cremos também que Deus, por meio de Jesus, levará com ele os que adormeceram.

(1 Tessalonicenses 4,13-14)

Desde criança pensava na morte. Pessoas queridas, de repente, não estavam mais ao meu lado. Perdi um colega aos 7 anos de idade. No mesmo ano, faleceram meus dois avós. Algumas perguntas voltavam muitas vezes à minha mente de criança: "Quem morre não viverá mais? Verei de novo as pessoas queridas?". A resposta a essa angústia veio através da fé cristã, com a certeza de que Jesus, Filho de Deus, passou pela morte e está vivo. É a doutrina da Ressurreição, difícil talvez para nossa mente, mas a única que responde ao anseio profundo da pessoa humana.

A vida venceu a morte. Não basta acreditar em qualquer tipo de sobrevivência ou reencarnação. É preciso saber que cada um de nós, se responder à graça de Deus, é chamado à felicidade eterna e continuará existindo, após a morte, na sua individualidade. O fato de Jesus Cristo ter experimentado a morte na cruz e ter ressuscitado demonstra que a morte não é o fim de tudo para a humanidade. A vitória de Cristo liberta-nos da destruição e garante-nos a promessa da ressurreição [...]. Quem tem a certeza de viver sempre, já agora dá valor ao que faz.

17

Assumir a vida sem privilégios

Cristo sofreu por vós deixando-vos um exemplo, a fim de que sigais os seus passos. Ele não cometeu pecado algum, mentira nenhuma foi encontrada em sua boca. Quando injuriado, não retribuía as injúrias; atormentado, não ameaçava; antes, colocava a sua causa nas mãos daquele que julga com justiça. Carregou nossos pecados em seu próprio corpo, sobre a cruz, a fim de que, mortos para os pecados, vivamos para a justiça. Por suas feridas fostes curados.

(1 Pedro 2,21-24)

Este mundo está mergulhado no pecado, e o Filho de Deus entra neste mundo, fica presente no mundo, sofrendo sem ter nenhum pecado. Com isso, ele revela o seu Amor. É a pedagogia divina de que falam os Santos Padres. É essa imensa filantropia, essa caridade de Deus, que assume a vida dos homens para que o homem entenda que é amado. Esse amor é que possui o justo.

O cristão recebe a força da caridade de Cristo para continuar, dentro desta vida, operando a conversão dos irmãos. É claro que é Deus quem age internamente, mas o faz por meio do sinal, da palavra, do gesto, do testemunho dos homens justos. Então, qual deve ser a nossa oração? A de quem "assume" a própria vida. A vida para nós é o próprio combate cotidiano da existência humana. É o drama de um mundo em parturição de redenção. Gente que nasce, gente que morre, gente que ri, gente que sofre. Todos destinados à salvação na solidariedade.

18

No mistério de nosso íntimo

O meu amado é todo meu e eu sou dele. Ele é um pastor entre os lírios até que surja o dia e fujam as sombras.

(Cântico dos Cânticos 2,16-17)

Ninguém penetra no íntimo do próprio ser: nas alegrias e nos sofrimentos de seu mundo interior. É aí que guardamos as dores recônditas, os momentos felizes, as mágoas e os sonhos de infância. Nem toda riqueza interior pode fluir pela palavra. Não há tempo para contar tudo. Mesmo entre os que se amam, fica muito por dizer. É por isso que cada um conserva seu mistério, guarda sua identidade, ali onde o outro não consegue penetrar. Assim, quando deixamos a conversa superficial e entramos no interior de nós mesmos, percebemos que vamos ficando sozinhos, sem interlocutores [...].

No profundo do nosso ser, ali, onde os outros não conseguem penetrar, encontramo-nos com a impressão forte da solidão. E isso nos entristece. Essa tristeza revela que cada um de nós é feito de abertura ao outro. Captamos, então, algo maravilhoso: somos feitos para a comunhão. Na solidão, a tristeza. Na felicidade, o outro. Mas que outro, se no âmago de nosso ser não conseguimos introduzir ninguém? Estamos a um passo da descoberta maior. É que, em nosso íntimo, de fato, não vivemos sozinhos. Eis a chave do mistério. Para além da solidão, feitos para comungar com o outro, descobrimos em nós a presença viva de Deus. No íntimo só Deus penetra, reside e oferece a comunhão plena.

19

Deus encarnado

E a Palavra se fez carne e veio morar entre nós.
(João 1,14)

Jesus Cristo renuncia a um regime de exceção e encarna-se na vida dos homens, e, como tal, é sem privilégios. Assume a vida de um servo. Nivelou-se com as pessoas de seu tempo. Sua vida escondida nada tem de extraordinário. É até uma dificuldade para quando começa a pregar o Reino: "Filho de José". Conhecido como um homem sem estudos (Jo 7,15), nascido na Galileia, de onde "nada vem de bom" (Jo 7,20 e 52). Em sua vida pública, mistura-se com pecadores e publicanos (Mt 9,11). Assume a morte, submetendo-se à lei de todo homem. Por que esse nivelamento e essa rejeição de todo privilégio? Porque Jesus Cristo ama os homens.

A maior parte das pessoas vive sem privilégios, sem se sobressair em nada: sem cultura, sem saúde, sem beleza, sem história, sem nome, sem número – um número de fábrica ou de cartão do seguro social. Cristo comunga com o deserdado porque o ama. Cristo, com isso, interpela minha vida: sou tão diferente, Senhor! Deixa-me invadir pela vossa luz! Tenho ainda horror a nivelar-me, a desaparecer na massa. E, no entanto, é a condição da maior parte de meus irmãos. Procuro "aparecer". Jesus não era assim. Ele achava que devíamos agir, mas não para sermos vistos pelos homens. A grandeza do homem não está no que aparece, mas no amor que tem pelo irmão.

20

Deus vale-se da nossa fraqueza

Irmãos, reparai em vós mesmos, os chamados: não há entre vós muitos sábios de sabedoria humana, nem muitos poderosos, nem muitos de família nobre. Mas o que para o mundo é loucura, Deus o escolheu para envergonhar os sábios, e o que para o mundo é fraqueza, Deus o escolheu para envergonhar o que é forte. Deus escolheu o que no mundo não tem nome nem prestígio, aquilo que é nada, para assim mostrar a nulidade dos que são alguma coisa.

(1 Coríntios 1,26-28)

Outro dia visitei uma igrejinha, e vi um velho órgão deteriorado. Quem tocava era uma senhora que conseguia acompanhar muito bem os cantos: era realmente competente e supria as falhas do instrumento. Penso que Nosso Senhor, precisamente ao aceitar a nossa fraqueza, a nossa fragilidade, e ao servir-se da nossa vida de cristãos, faz resplandecer a beleza da sua bondade.

São Paulo alegrava-se por sua fraqueza, por ser ela ocasião de pôr em evidência a grandeza e a bondade de Deus. Não há dúvida de que a história está cheia de "fraquezas" dos cristãos, mas é a mesma história da vida das crianças, dos doentes, dos pobres, de todos nós, com nossas falhas e pecados, que revela a beleza do plano de Deus, a força do seu amor, a grandeza de sua paciência e a certeza de quanto ela é capaz de conduzir nossa vida à plenitude do seu plano de amor.

21

A fraternidade em primeiro lugar

Quanto a vós, não vos façais chamar de "rabi", pois um só é vosso Mestre e todos vós sois irmãos. Não chameis a ninguém na terra de "pai", pois um só é vosso Pai, aquele que está nos céus. Não deixeis que vos chamem de "guia", pois um só é o vosso Guia, o Cristo. Pelo contrário, o maior dentre vós deve ser aquele que vos serve. Quem se exaltar será humilhado, e quem se humilhar será exaltado.

(Mateus 23,8-12)

Somos ou não somos irmãos à luz de Deus? Se somos irmãos, há uma mensagem que supera a diferença das raças, que supera a diferença de classes, que supera nesse momento as diferenças de condição social e econômica para nos irmanar. O mesmo sangue corre nas veias de todos nós. Que imagem tão bela: a transfusão pode se fazer entre todas as raças, sem diferenças, nem de amarelos, nem de negros, nem de brancos! É quase uma certeza fisiológica de que somos todos igualmente irmãos, porque igualmente filhos do mesmo Pai.

22

Temos uma Mãe

Jesus, ao ver sua mãe e, ao lado dela, o discípulo que ele amava, disse à mãe: "Mulher, eis o teu filho!" Depois disse ao discípulo: "Eis a tua mãe!" A partir daquela hora, o discípulo a acolheu no que era seu.

(João 19,25-27)

Há alguns anos, ao entrar na Catedral de São Paulo, encontrei uma menina pobre sentada no degrau. Ela olhava com atenção para os que entravam na igreja. Não estendeu a mão. Não falou. Continuava olhando para todos. Franzina e desabrigada, causou-me tristeza. Voltei atrás e lhe perguntei: "Você precisa de alguma coisa?". Ela esperou um pouco e respondeu-me: "Sim, eu quero muito ter uma mãe". Desejava o mais importante e, também, o mais difícil. Como atender a seu pedido? Conversamos longamente. Aceitou algum alimento. Procurei, então, fazê-la conhecer o presente de Jesus: sua Mãe é nossa Mãe. Na cruz, ele nos entregou Maria. Ela assumiu como mãe João e os discípulos de todos os tempos.

A menina na porta da igreja nos ajuda a descobrir de novo a necessidade que temos do presente de Jesus.

Quem de nós, mesmo tendo a graça de conviver durante anos com aquela que nos deu à luz, não sente quanto o amor de Maria atinge o mais profundo do nosso ser? A união com a Mãe de Deus vai além de toda outra experiência afetiva humana. Ela é a expressão materna do amor do próprio Deus por nós.

23

Caminhamos no mundo rumo ao céu

Jesus foi elevado, à vista deles, e uma nuvem o retirou aos seus olhos. Continuavam olhando para o céu, enquanto Jesus subia. Apresentaram-se a eles então dois homens vestidos de branco, que lhes disseram: "Homens da Galileia, por que ficais aqui, parados, olhando para o céu? Esse Jesus que, do meio de vós, foi elevado ao céu, virá assim, do mesmo modo como o vistes partir para o céu".

(Atos 1,9-11)

Ficamos no mundo para a vida dos homens. Deus nos ensina a amar e faz de nós "fachos de luz", portadores da palavra da vida. Nossa missão é fazer o bem diante de todos (Rm 14,17), ensinando tudo o que Jesus ensinou (Mt 28,20), isto é, amar o Pai e nele confiar e a amar os homens até o dom da vida. Fortes na fé, aguardamos a manifestação gloriosa do grande Deus e salvador Jesus Cristo (Tt 2,13).

Aceitamos e queremos nossa parte no "dom da vida" pelos irmãos, alegres de aceitarmos em nosso corpo o que "falta" às tribulações de Cristo (Cl 1,24); dele, recebemos o pão que dá a vida (Jo 6,35), a água viva (Jo 4,14) e a vida eterna que já começa, pois quem crê tem a vida (Jo 5,24). A nós compete construir um mundo novo, mais humano, porque possuímos o segredo: o amor novo.

24

Reconciliar-se com Deus e com os irmãos

*"Lavai-vos, limpai-vos, tirai da minha vista as injustiças que praticais. Parai de fazer o mal, aprendei a fazer o bem, buscai o que é correto, defendei o direito do oprimido, fazei justiça para o órfão, defendei a causa da viúva. Depois, vinde, podemos discutir" – diz o S*ENHOR*. Se vossos pecados forem vermelhos como escarlate, ficarão brancos como a neve, se vermelhos como a púrpura, ficarão iguais à lã.*

(Isaías 1,16-18)

Quem peca, lesa o amor e a união fraterna. Para quem crê na Igreja, na comunhão dos santos, a reconciliação com Deus inclui a reconciliação com os irmãos. O ato sacramental da confissão a um homem é um ato de fé na Igreja, na fraternidade em Cristo. O perdão que a Igreja me dá é sinal do perdão que Deus dá.

Hoje, mais do que antes, o sacramento da Penitência requer um grande exercício de fé. Tenho de acreditar que, na intenção de Deus, minha pobre vida está ligada à vida de todos os meus irmãos. Tenho de crer que não é só meu pecado que atinge a todos, mas que minha reconciliação e minha felicidade interessam a todos, representados pelo sacerdote, que administra o sacramento em nome de Cristo, da Igreja, isto é, dos irmãos. Deus é bom, quer-nos na paz.

25

Gratuidade e inclusão

E disse também a quem o tinha convidado: "Quando ofereceres um almoço ou jantar, não convides teus amigos, nem teus irmãos, nem teus parentes, nem teus vizinhos ricos. Pois estes podem te convidar por sua vez, e isto já será a tua recompensa. Pelo contrário, quando deres um banquete, convida os pobres, os aleijados, os coxos, os cegos! Então serás feliz, pois estes não têm como te retribuir! Receberás a recompensa na ressurreição dos justos".

(Lucas 14,12-14)

Jesus Cristo, em sua pregação, lembrou aos discípulos que, ao fazermos festa, devemos convidar não os irmãos e os vizinhos ricos, mas os pobres, cegos, aleijados. E explicou a razão. Os necessitados não podem, por sua vez, retribuir-nos. Seremos, então, felizes, experimentando o amor gratuito e a recompensa de Deus [...].

É preciso reeducar a sociedade para a superação do individualismo e para gestos de partilha e solidariedade [...]. Não bastam leis nem pactos, o que falta é o amor ao próximo. Quem ama, aprende a dar e a oferecer aos outros o que tem. No Brasil haverá pão, casa e trabalho para todos, quando formos capazes de renunciar a nossos privilégios, para partilhar o que somos e temos com os irmãos necessitados; faremos, então, uma experiência sem igual e teremos nesta vida um momento de felicidade.

26

A solidariedade faz a diferença

Religião pura e sem mancha diante do Deus e Pai é esta: assistir os órfãos e as viúvas em suas dificuldades e guardar-se livre da corrupção do mundo.

(Tiago 1,27)

Nas semanas de convalescença, especialmente nos momentos de silêncio durante a noite, quando o sono custa a chegar, percebi melhor como há modos diferentes de ver as coisas. Uma enfermeira habituada ao sofrimento, refletindo sobre a vida, expressou-se com rara sabedoria: "Há coisas tristes que são bonitas" [...]. Contava com simplicidade um fato em sua vida que confirmava a mesma verdade. Uma colega de trabalho estava com câncer em estado grave e não havia ninguém de sua família que pudesse cuidar dela. A enfermeira amiga, apesar de pobre, assumiu todo o encargo de conseguir internação e colaboração de outras pessoas, fazendo ela mesma companhia, durante meses, à colega até o final de sua vida. Tudo isso exigiu muita dedicação e sacrifício, revelando a beleza da doação gratuita. Há coisas tristes que são bonitas e se, pouco a pouco, olharmos o mundo à luz de Deus, começaremos a descobrir miríades de casos semelhantes que repetem a vida e o amor de Jesus Cristo, tornando presente também em nossos dias a beleza da solidariedade e do amor fraterno.

27

Deus é bom

Quem nos separará do amor de Cristo? Tribulação, angústia, perseguição, fome, nudez, perigo, espada? Mas, em tudo isso, somos mais que vencedores, graças àquele que nos amou. Tenho certeza de que nem a morte, nem a vida, nem os anjos, nem os principados, nem o presente, nem o futuro, nem as potências, nem a altura, nem a profundeza, nem outra criatura qualquer será capaz de nos separar do amor de Deus, que está no Cristo Jesus, nosso Senhor.

(Romanos 8,35.37-39)

O Senhor não é um juiz que nos dá um prêmio quando somos bons, mas um Pai que nos faz ficarmos bons porque somos capazes de compartilhar os seus bens, as suas graças, os frutos do seu amor. Penso que amar com o coração de Deus significa amar como Jesus nos ama, e amar os outros em primeiro lugar com esse amor que é Amor Primeiro. Não somos nós que amamos primeiro, é ele que tem a precedência. E são os que reconhecem o amor que, por sua vez, são capazes de amar, por se sentirem amados, e, por isso, agradecem a Nosso Senhor.

Deus é gratuidade, nós somos gratidão. Deus é Amor, nós somos a resposta ao Amor Primeiro. Mas amar como Deus ama é empreender a aventura espiritual de amar primeiro; é o mistério do perdão: quem perdoa, não perdoa porque o outro pediu desculpas, mas perdoa porque é bom; então, é sempre o amor que faz perdoar.

28

Os pobres mestres de esperança

Que o amor fraterno vos una uns aos outros, com terna afeição, rivalizando-vos em atenções recíprocas. Sede zelosos e diligentes, fervorosos de espírito, servindo sempre ao Senhor, alegres na esperança, fortes na tribulação, perseverantes na oração. Mostrai-vos solidários com os santos em suas necessidades, prossegui firmes na prática da hospitalidade.

(Romanos 12,10-13)

A esperança é confiar numa sociedade capaz de valorizar a pessoa humana por aquilo que ela é, com sua bondade, sua disponibilidade para doar; compreender as lágrimas, o sorriso, o olhar. Os pobres nos ensinam a valorizar as pessoas. Tornam-se nossos mestres, ensinando-nos a pôr em segundo plano a civilização do consumo, do ter, do possuir. Eles ainda estão vivos porque são capazes de partilhar com os outros seus sofrimentos e alegrias.

Isso nos deve fazer pensar, a nós que temos tanta coisa que poderíamos compartilhar. Não podemos ser felizes sem compartir com os pobres aquilo que temos. Se não partilhamos aquilo que Deus nos deu, é porque nos falta amor. Somos postos em questão quando vemos seres humanos precipitados nessa situação de miséria. Devemos achegar-nos a eles, oferecer o que temos e aprender deles o que é mais profundo no coração humano: a ânsia de viver, a capacidade de superar dificuldades, a força diante de situações que parecem insuperáveis.

29

O valor da criança

Jesus sentou-se, chamou os Doze e lhes disse: "Se alguém quiser ser o primeiro, seja o último de todos, aquele que serve a todos!" Em seguida, pegou uma criança, colocou-a no meio deles e, abraçando-a, disse: "Quem acolher em meu nome uma destas crianças, estará acolhendo a mim mesmo. E quem me acolher, estará acolhendo, não a mim, mas Àquele que me enviou".

(Marcos 9,35-37)

A criança que vem ao mundo tem o direito de contar com a colaboração de todos nós para poder se realizar plenamente. O dever de promovermos os menores é ainda maior à luz da palavra de Jesus, que nos ensina o valor de uma criança, identificando-se com ela. Quem acolhe um desses pequeninos, com fome e enfermo, abandonado nas ruas, acolhe o próprio Cristo.

Ante os milhões de menores empobrecidos e abandonados – sinal do quanto estamos ainda distantes do Reino de Deus –, temos que assumir o compromisso de respeito fundamental à dignidade humana. Dar prioridade à criança, promovê-la, envolvê-la de amor e carinho é redescobrir o valor da pessoa, criada à imagem e semelhança de Deus e destinada a ser feliz. Dessa atitude nasce o empenho em induzir na sociedade a superação das injustiças e opressões pela construção de um mundo segundo o desígnio de Deus.

30

Fazer experiência da luz

A mensagem que ouvimos de Jesus Cristo e vos anunciamos é esta: Deus é luz e nele não há trevas. Se dissermos que estamos em comunhão com ele, mas caminhamos nas trevas, estamos mentindo e não praticamos a verdade. Mas, se caminhamos na luz, como ele está na luz, então estamos em comunhão uns com os outros, e o sangue de Jesus, seu Filho, nos purifica de todo pecado.

(1 João 1,5-7)

O Cristo é o sol, é aquele sol nascente do Oriente, é realmente a vida que vem do Cristo e que ilumina a nossa vida. Lembro-me, na única viagem que fiz à Índia, de um grupo de reflexão ecumênica que acompanhava o Cardeal Martini. Eles perguntavam: "E quem é o Cristo?". E nós procurávamos responder do jeito que era possível. E, no fim, um deles disse assim: "É verdade, é uma luz, é uma luz". E outro deles dizia: "É uma grande luz". E eu me lembro também das margens do rio Ganges, lá em Benares, de madrugada...

Nós morávamos numa casa pobre, ali perto do Ganges, e de manhã cedo, ao nascer do sol, os hindus se sentavam nos degraus, à margem do rio, deixavam o sol nascer e com a mão traziam sua luz, esparramando-na no rosto, como se fosse um modo de participar da presença e da ação de Deus.

Acho que nós poderíamos, de manhã, também passar o sol no rosto: é a luz do Cristo, a luz do Cristo que entra na nossa vida.

31

Missão é partilha

O que era desde o princípio, o que ouvimos, o que vimos com os nossos olhos, o que contemplamos e o que as nossas mãos apalparam da Palavra da Vida – vida esta que se manifestou, que nós vimos e testemunhamos, vida eterna que a vós anunciamos, que estava junto do Pai e que se tornou visível para nós –, isso que vimos e ouvimos, nós vos anunciamos, para que estejais em comunhão conosco. E a nossa comunhão é com o Pai e com seu Filho, Jesus Cristo. Nós vos escrevemos estas coisas para que a nossa alegria seja completa.

(1 João 1,1-4)

Entendo a missão como ato de amor, porque, à luz da teologia, sabemos que Deus tem a providência sobre todos os seres humanos e a todos oferece condições de uma vida plena de salvação, e que essa salvação se dá em Cristo e sempre com a colaboração da Igreja, que reza e se oferece por todas as pessoas humanas. É vontade do próprio Cristo que, aquilo que recebemos, possamos oferecê-lo aos outros, como também que saibamos abrir-nos àquilo que Deus nos comunica por meio dos outros.

Então, a ação missionária, hoje, encontra a sua correta inserção: ela é um ato de amor, porque é um ato de partilha, de doação gratuita dos valores mais altos que nós possuímos, a saber, a significação da vida humana e do sentido da revelação divina e de tudo que isso inclui. A missão não é feita de proselitismo, mas de partilha: trata-se de oferecer ao outro, na liberdade, o que já possuímos.

32

Da Eucaristia ao amor oblativo

Jesus disse: "[...] se não comerdes a carne do Filho do Homem e não beberdes o seu sangue, não tereis a vida em vós. Quem se alimenta com a minha carne e bebe o meu sangue tem a vida eterna, e eu o ressuscitarei no último dia. Pois minha carne é verdadeira comida e meu sangue é verdadeira bebida".

(João 6,53-55)

Ao dizer aos Apóstolos: "Quem se alimenta com a minha carne e bebe o meu sangue tem a vida eterna", Jesus nos introduz nos seus próprios sentimentos, valores e critérios. Ajuda-nos a participar de sua vida e a nos tornarmos seus discípulos, sempre mais semelhantes a ele. Dá-nos exemplo de amor oblativo, gratuito e total e convida-nos a amar como ele ama. O fruto primeiro da comunhão com Jesus na Eucaristia é o amor oblativo, que deverá ser a norma de vida dos discípulos. "Amai-vos uns aos outros como eu vos amei" (Jo 13,35). Para Jesus, amar é dar a vida por nós.

33

Humildade libertadora

A Escritura diz: "Deus resiste aos soberbos, mas concede a graça aos humildes". Submetei-vos, pois, a Deus, mas resisti ao diabo, e ele fugirá de vós. Aproximai-vos de Deus, e ele se aproximará de vós. Limpai as mãos, ó pecadores, e purificai os corações, homens ambíguos. Entristecei--vos, vesti o luto e chorai. Transforme-se em luto o vosso riso, e a vossa alegria, em desalento. Humilhai-vos diante do Senhor, e ele vos exaltará.

(Tiago 4,6b-10)

O homem que crê em Jesus Cristo torna-se pobre e humilde e "criança"; experimenta a necessidade de Deus; submete-se a Deus nos caminhos concretos da salvação e confia no Pai. O "pobre" não se apropria do dom de Deus, porque sabe que tudo recebeu. Por isso, não se prefere a seu irmão, aceita a fraqueza do próximo como Deus aceita a sua e está pronto para perdoar e servir; não é o "centro" de nada; não se pertence; sente-se livre para fazer o bem. O humilde é o que anda na verdade (Santa Teresa), gloria-se no Senhor (1Cor 1,31; 2Cor 10,17), de quem espera a salvação. Para o humilde que acolhe a salvação, Cristo crucificado é poder de Deus e sabedoria de Deus (1Cor 1,18-31). O humilde que prega a salvação se apresenta na fraqueza, mas forte do poder de Deus (1Cor 2,3-5).

34

O valor do cotidiano

Jesus desceu, então, com seus pais para Nazaré e era obediente a eles. Sua mãe guardava todas estas coisas no coração. E Jesus ia crescendo em sabedoria, tamanho e graça diante de Deus e dos homens.

(Lucas 2,51-52)

Jesus Cristo passa em Nazaré grande parte de sua vida, no trabalho e na vida obscura e escondida de um operário daquele tempo, entre suas tarefas diárias e o relacionamento com sua família e suas amizades. Esse mistério marcou a vida de muitos santos. Marcou a nossa também. É-nos difícil compreender a normalidade da vida de Jesus Cristo. Só mesmo na fé. Identificando-se com a vida de todo mundo, mostrava que a salvação não consiste em coisas extraordinárias e em gestos fantásticos, mas na adoração do Pai – em espírito e verdade [...]. Voltar, na fé, à vida escondida do meu Senhor. Ele já era o "enviado" pelo Pai, mas "sua hora" não tinha chegado.

A salvação inclui a adesão plena aos caminhos do Pai. O resto não importa. Seria uma "pseudossalvação". Isso me faz pensar na ação de Deus no interior do coração das pessoas e na limitação de meu ministério. Quantas vezes me iludi, Senhor, procurando meus caminhos! Devia ter-me deixado levar por Deus, como Jesus; penetrar no valor salvífico da doença, da invalidez, da velhice, da morte. Creio nisso?

35

Não ao desânimo

Não esmoreçamos na prática do bem, pois no devido tempo colheremos o fruto, se não desanimarmos. Portanto, enquanto temos tempo, façamos o bem a todos, principalmente aos da família da fé.

(Gálatas 6,9-10)

Jesus Cristo revelou ao mundo o desígnio salvífico de Deus. Ele venceu o ódio e o egoísmo, anunciou o mandamento do amor e prometeu, para além da morte, a experiência definitiva da comunhão com Deus e entre nós. O cerne da pregação cristã está na ressurreição de Cristo. A vitória sobre a morte demonstra mais profundamente a destruição do pecado. Temos agora o dever, também nós, de vencer o pecado em nossa vida e transformar as estruturas injustas da sociedade, na certeza da presença e graça de Cristo ressuscitado.

Diante das dificuldades, o cristão não pode desanimar; deve testemunhar a convicção de que o amor é maior que o ódio, o perdão é sempre possível, mesmo entre os inimigos, e acreditar na conversão própria e dos outros. Ele não desiste da luta pela justiça social, pela distribuição equitativa dos bens, porque sabe que coincidem com os planos de Deus. Percebe, também, que a conversão não é tão rápida quanto se deseja e que o egoísmo continua resistindo aos apelos da fraternidade. O importante, no entanto, é o esforço cotidiano para que o mundo responda ao projeto salvífico de Deus.

36

A Eucaristia

Enquanto estavam comendo, Jesus tomou o pão, pronunciou a bênção, partiu-o e lhes deu, dizendo: "Tomai, isto é o meu corpo". Depois, pegou o cálice, deu graças, passou-o a eles, e todos beberam. E disse-lhes: "Este é o meu sangue da nova Aliança, que é derramado por muitos".

(Marcos 14,22-24)

Desejaria chamar atenção para um aspecto fundamental na vivência do amor eucarístico. Jesus, ao instituir a Nova Aliança, quis que, sob a aparência do pão e do vinho, os fiéis recebessem o seu corpo e sangue como alimento espiritual.

Ele tornou-se, na Eucaristia, o sustento da fé e da ação pastoral da Igreja. Se é verdade que os fiéis devem se preparar para a comunhão, reconciliando-se com Deus pelo perdão, é também certo que Cristo, na Eucaristia, quer ser amparo e conforto dos que sentem a própria fraqueza e limitações. Aqui está uma razão especial do nosso louvor a Deus: a de agradecer o auxílio que recebemos para a vivência do mandamento da caridade. O próprio Cristo é a força para que sejamos capazes de perdoar, de vencer barreiras e ressentimentos, enfrentar com paciência e coragem os desafios e dar o testemunho de cristãos na transformação da sociedade.

Lembro-me, logo depois de um acidente que sofri há dois anos, quando não podia ainda falar, como aguardava o momento de receber a comunhão! Dava-me conforto, paz e energia para aguentar as dores e oferecê-las pelos outros, nos longos meses de recuperação.

37

A solidariedade visibiliza a fé

Meus irmãos, que adianta alguém dizer que tem fé, quando não tem as obras? A fé seria capaz de salvá-lo? Imaginai que um irmão ou uma irmã não têm o que vestir e que lhes falta a comida de cada dia; se então algum de vós disser a eles: "Ide em paz, aquecei-vos" e "Comei à vontade", sem lhes dar o necessário para o corpo, que adianta isso? Assim também a fé: se não se traduz em ações, por si só está morta.

(Tiago 2,14-17)

Quem crê em Cristo não pode aceitar um relacionamento entre os homens e as nações que tenha como consequência a injustiça e a fome para a maior parte do povo. Crer em Deus é trabalhar para construir uma sociedade em que cada pessoa humana possa se realizar, pelo respeito e pela promoção de sua dignidade de filho de Deus.

O compromisso que nasce da fé leva à solidariedade efetiva com os irmãos, vítimas de modelos e de sistemas que geram mecanismos de marginalização crescente da pessoa humana.

38

Deus tão humano e pobre

Naqueles dias, saiu um decreto do imperador Augusto mandando fazer o recenseamento de toda a terra – o primeiro recenseamento, feito quando Quirino era governador da Síria. Todos iam registrar-se, cada um na sua cidade. Também José, que era da família e da descendência de Davi, subiu da cidade de Nazaré, na Galileia, à cidade de Davi, chamada Belém, na Judeia, para registrar-se com Maria, sua esposa, que estava grávida. Quando estavam ali, chegou o tempo do parto. Ela deu à luz o seu filho primogênito, envolveu-o em faixas e deitou-o numa manjedoura, porque não havia lugar para eles na hospedaria.

(Lucas 2,1-7)

À luz da fé, a criança que nasce da Virgem Maria é Jesus Cristo, Filho de Deus. Vem salvar a humanidade do pecado e da morte. Quis passar pela experiência de nascer pobre e de ser uma criança perseguida; suportou o sofrimento da injustiça e da cruz, assegurando-nos, assim, que Deus conhece por dentro o drama da vida humana. Nessa solidariedade para conosco, Cristo demonstra seu infinito amor pela humanidade. Fazendo-se um de nós, exceto no pecado, ele nos revela de modo evidente o valor da natureza humana. Que seria de nós, vivendo e morrendo nesta terra, se não tivéssemos a certeza de que Deus nos ama e vela por nós?

39

Caminhar com os pobres

Se alguém possui riquezas neste mundo e vê o seu irmão passar necessidade, mas diante dele fecha o seu coração, como pode o amor de Deus permanecer nele?

(1 João 3,17-18)

É preciso que os pobres tenham condição de se promover e de ser artífices da nova sociedade. E nós? Temos de nos colocar não tanto trabalhando por eles, mas com eles, assumindo a perspectiva do pobre, as consequências da conversão pessoal. Isso significa partilhar sua vida e sua condição. Não foi isso que fez Jesus, que passou necessidade, que trabalhou com as próprias mãos e suou como carpinteiro, para ganhar o soldo de seu dia de trabalho? Sentia-se bem entre os pequeninos e agradecia ao Pai, com seu olhar cheio de felicidade. Temos de experimentar nesse olhar de Jesus a felicidade de quem entra na perspectiva do pobre, graças à solidariedade de vida, de uma vida mais sóbria, mais simples, mais partilhada.

40

Amor no lar

Revesti-vos do amor, que une a todos na perfeição. Reine em vossos corações a paz de Cristo, para a qual também fostes chamados em um só corpo. E sede agradecidos.

(Colossenses 3,14-15)

A família é a grande e primeira escola da convivência humana. Devemos nos empenhar a fim de que seja um ambiente de compreensão, gratuidade no amor, superação de dificuldades e crescimento espiritual. O importante é saber descobrir o caminho que a vida nos proporciona para alcançarmos o amor e oferecê-lo aos outros.

Nesta perspectiva, podemos compreender que caminhos diferentes podem nos levar a realizar neste mundo o projeto divino do aprendizado do amor que Deus nos ensinou. Quando o ambiente familiar é rico de afeto e comunhão entre as pessoas, aprendemos a amar, mas nem sempre poderemos penetrar no íntimo do sofrimento de quem não teve as mesmas oportunidades.

Quando nos deparamos com casos de infância sofrida, lares desfeitos e solidão afetiva, abre-se diante de nós a compreensão e a sintonia com os que mais precisam ser amados. Deus, que vela por seus filhos e filhas, nos conduz a partir da família para as grandes conquistas do amor.

41

Neste mundo, para fazer o bem

À medida que os sofrimentos de Cristo crescem para nós, cresce também a nossa consolação por Cristo. Se passamos por aflições, é para vossa consolação e salvação; se somos consolados, é para vossa consolação. E essa consolação sustenta vossa constância em meio aos mesmos sofrimentos que nós também padecemos.

(2 Coríntios 1,5-6)

Encanta-nos o fato de Jesus Cristo nos associar a seu amor redentor, mas, ao mesmo tempo, isso nos convida a imitá-lo, dando a vida pelos irmãos e irmãs (1Jo 3,16). Assim, a salvação, que é dom plenamente gratuito de Deus, torna-se também participada por nós. Nada falta à paixão de Cristo, mas ele, livre e generosamente, une nosso amor e sofrimentos aos seus, para o bem dos irmãos. Esse desígnio divino entrelaça ainda mais nossas vidas, fazendo-nos benfeitores uns dos outros, em um mundo onde, ao lado de tantos valores positivos, há também tribulações, fruto do egoísmo e da liberdade desorientada que causa injustiças, violências, segregações e desespero. Está no plano de Deus que, a exemplo de Jesus Cristo, convivamos com essa realidade complexa e utilizemos todas as situações para fazermos o bem e ajudar-nos uns aos outros no processo de conversão e santidade. Jesus quer que seus discípulos de todos os tempos permaneçam neste mundo (Jo 17,15), como "sal, luz e fermento", para – sem privilégios – auxiliar a todos no caminho da salvação.

42

Orar

Quando orardes, não sejais como os hipócritas, que gostam de orar nas sinagogas e nas esquinas das praças, em posição de serem vistos pelos outros. Em verdade vos digo: já receberam a sua recompensa. Tu, porém, quando orares, entra no teu quarto, fecha a porta e ora ao teu Pai que está no escondido. E o teu Pai, que vê no escondido, te dará a recompensa.

(Mateus 6,5-6)

Rezar é pensar em Deus, que nos ama. A presença de Deus é o grande fator de unificação de nossa consciência e a garantia de felicidade já nesta vida. A experiência de oração, ao longo do dia, intensificada por momentos de encontro a sós com Deus, vai nos introduzindo na vivência da felicidade que supera sofrimentos e contrariedades da vida. Quais são os momentos em que nos sentimos mais à vontade com Deus? Depende muito de cada um de nós. Para uns, é no começo do dia. Para outros, momentos tranquilos da noite ou da madrugada, ou ainda quando perdoamos alguém ou surgem em nós pensamentos de bondade e doação.

Deus se comunica, também, nas horas de depressão, de desânimo. Ele está sempre presente. Quem ainda não teve momentos de encontro com Deus continua distraído, dividido e intranquilo. Todos necessitamos comunicar o que há em nós. Mas só Deus é capaz de nos conhecer completamente e de responder a esse anseio de comunhão. Daí que, segundo Santo Agostinho, nosso coração fique inquieto, enquanto não se encontra plenamente com Deus.

43

Ser padre

Exorto aos presbíteros entre vós, eu, presbítero como eles e testemunha dos sofrimentos de Cristo, participante da glória que está para se revelar: sede pastores do rebanho de Deus, confiado a vós; cuidai dele, não por coação, mas de coração generoso; não por torpe ganância, mas livremente; não como dominadores da herança a vós confiada, mas antes, como modelos do rebanho. Assim, quando aparecer o pastor dos pastores, recebereis a coroa imperecível da glória.

(1 Pedro 5,1-4)

Dois pontos são necessários para que o presbítero possa desenvolver plenamente sua vida na fidelidade e na paz, tornando-a frutuosa para os outros. Primeiro: é o amor pessoal a Nosso Senhor Jesus Cristo. Essa relação de amor entre o Mestre Divino e o discípulo, entre o Senhor e o ministro, é como que a espinha dorsal de toda a vida espiritual e do pastoreio. Outro ponto é a caridade pastoral. O amor a Jesus Cristo leva à imitação e ao seguimento do Divino Mestre na caridade pastoral para com os irmãos [...].

A caridade pastoral é amor solidário que faz o ministro de Cristo assemelhar-se àqueles que ama. A vida do presbítero deve ser simples e sóbria. Não tanto para dar uma resposta eficaz ao mundo de hoje, em que crescem o egoísmo e a permissividade moral, mas porque a vida simples e austera será a demonstração da solidariedade concreta para com a maior parte dos irmãos que não têm emprego, habitação e que sofrem fome e miséria.

44

Viver na paz

Sabemos que tudo contribui para o bem daqueles que amam a Deus, daqueles que são chamados segundo o seu desígnio. Pois, aos que ele conheceu desde sempre, também os predestinou a se configurarem com a imagem de seu Filho, para que este seja o primogênito numa multidão de irmãos. E àqueles que predestinou, também os chamou, e aos que chamou, também os justificou, e aos que justificou, também os glorificou.

(Romanos 8,28-30)

Todo benefício vem de Deus, mas o fato de não termos certos benefícios não significa que não sejamos amados por ele. Ao contrário, é muito maior o gesto do amor de Deus em nos fortificar para sermos capazes de enfrentar o sofrimento que intensifica, e ainda mais na comunhão com os outros. Lembro-me de um padre que ficou com câncer e teve de ir para o hospital. Ficava naqueles dormitórios falando a seus companheiros, doentes como ele; será que Deus não estava justamente amando aqueles a quem ele enviou o padre canceroso? "Deus amou tanto aqueles doentes que lhes enviou o seu filho padre para lhes fazer o bem." Ele, deitado na cama e canceroso, estava provando aos outros que Deus pode amar uma pessoa com câncer.

A vida de Cristo provou a todos que alguém que é amado por Deus pode passar pela cruz. Depois de Cristo, também podemos passar pela cruz e ser amados por Deus. Isso é libertador. Isso nos dá paz. Você pode estar no sofrimento e estar na paz, totalmente na paz.

45

Somos obra-prima

Que coisa é o homem, para dele te lembrares, o filho do homem para o visitares? No entanto o fizeste só um pouco menor que um deus, de glória e de honra o coroaste.

(Salmo 8,5-6)

Vem-me à mente uma comparação. Entre nós, são valiosos os quadros de Portinari, grande expoente da arte no Brasil. Todo e qualquer quadro de sua autoria tem muito valor. Todos eles são diferentes e representam fases distintas, mas todos, sendo expressões de sua arte, são apreciados, contemplados e guardados com zelo artístico. Assim, e muito mais, todo ser criado por Deus, em especial a pessoa humana, reflete a suprema arte da sabedoria e da infinita bondade de Deus. À luz da fé, progredimos ainda mais, sabendo que a redenção de Jesus se estendeu a todos, sem distinção. Todos somos amados e beneficiados pela ação salvífica de Jesus.

Assim, a leitura da diversidade tem uma raiz comum na certeza do amor criativo e salvífico de Deus, que, em cada pessoa, coloca a marca indelével de sua perfeição merecedora de nosso apreço, respeito, estima e anseio de comunhão, cada um dando e oferecendo suas qualidades e virtudes e acolhendo as do próximo. A lição que devemos aprender é a superação do individualismo, que se fecha em si mesmo e ignora ou não quer reconhecer a beleza ontológica das demais pessoas humanas [...]. A obra divina se reflete não só em cada pessoa como também adquire beleza maior na totalidade dos seres.

46

Lidar com os imprevistos

Não vivais preocupados, dizendo: "Que vamos comer? Que vamos beber? Como nos vamos vestir?" Os pagãos é que vivem procurando todas essas coisas. Vosso Pai que está nos céus sabe que precisais de tudo isso. Buscai em primeiro lugar o Reino de Deus e a sua justiça, e todas essas coisas vos serão dadas por acréscimo. Portanto, não vos preocupeis com o dia de amanhã, pois o dia de amanhã terá sua própria preocupação! A cada dia basta o seu mal.

(Mateus 6,31-34)

Meu dia organiza-se um tanto mal e a oração sempre deveria ocupar mais tempo. Em princípio, parece que o dia está bem organizado: tudo previsto, os horários, os compromissos, mas, como na vida há imprevistos, no fim tudo salta dos trilhos. Por outro lado, o que parece mal organizado, às vezes, dá ótimos frutos. Alguém pensa: "Hoje vou ter um dia de estudo", e, ao invés, tem de ir a um hospital visitar um doente. Não quer dizer que isso seja secundário, mas às vezes é mais importante do que as coisas que foram previstas. A gente imagina que irá conseguir fazer duas ou três coisas, mas o carro enguiça no meio do caminho e é preciso exercitar atos de paciência, em vez de levar a própria presença e uma mensagem qualquer numa pregação. Eu diria que, para qualquer pessoa, há uma organização prevista por ela e outra organização prevista por Deus: a última sempre é a melhor.

47

Ética cristã

Procedei como filhos da luz. E o fruto da luz é toda espécie de bondade e de justiça e de verdade. Discerni o que agrada ao Senhor e não tomeis parte nas obras estéreis das trevas, mas, pelo contrário, denunciai-as.

(Efésios 5,9-11)

Há pessoas que vivem valores éticos sem fundamentá-los nas convicções religiosas. No entanto, a Igreja, no campo da ética, acrescenta uma motivação própria. Comprometer-se com a promoção integral do povo é para nós cumprir a vontade de Deus, respondendo ao projeto criativo de Deus. Por sermos cristãos, acrescentamos uma explicitação ainda mais profunda: a resposta ao projeto criativo de Deus é também adesão à ação de Cristo na história, porque ele assumiu uma posição firme diante da promoção humana: dignificar a pessoa, a ela conferindo a filiação divina.

Para o cristão não basta "respeitar o outro", é preciso ir além e imitar o Cristo pelo dom da vida. Isso tem aplicações práticas. Há um "esclarecimento", no conteúdo da exigência ética, daquilo que é o bem a ser feito. O cristão amplia o campo de seu compromisso à justiça, vai mais longe: inclui as exigências do amor fraterno. O cristão, diante das misérias alheias, experimenta o dever de partilhar com o outro, até mesmo os bens necessários, para viver a verdade da caridade cristã. A justiça do cristão se alargou, tornou-se um imperativo ético, o mandamento do amor.

48

Um olhar sobre a Amazônia

Louvai o SENHOR na terra, cetáceos e todos os abismos, raio e granizo, neve e neblina, vento tempestuoso que cumpre suas ordens; montes e todas as colinas, árvores frutíferas e todos os cedros, feras e animais domésticos, répteis e aves que voam.

(Salmo 148,7-10)

Amazônia é Brasil. É a parte maior do Brasil. É a parte misteriosa, cheia de vida, cheia de esperança, mas também uma parte que está sendo agredida, especialmente pela exploração, uma vez que as florestas vão sendo destruídas, os rios poluídos e a população local esquecida. A Igreja tem a missão de preservar a natureza e ir ao encontro daquelas populações que precisam mais da sua presença, do seu auxílio. A Amazônia é um estímulo à missão, é terra de martírio. Significa lugar onde houve um testemunho, testemunho de fé, serviço, patriotismo, auxílio aos mais necessitados. É uma terra enorme, mas regada com o sangue. A Amazônia é também uma terra sagrada, uma terra que foi e tem sido amada por pessoas de generosidade, de coragem. Que hoje ela seja um ponto de convergência para a Igreja missionária do Brasil!

49

Deus é misericórdia

Sede misericordiosos como vosso Pai é misericordioso.

(Lucas 6,36)

Na Sagrada Escritura, a misericórdia está unida ao perdão de Deus ao povo eleito que rejeitou a aliança. Deus, cheio de bondade e movido de compaixão, vai ao encontro do povo para perdoá-lo (Ex 34,6). Quem não se lembra da parábola de Jesus sobre o filho pródigo, que pede a herança, vai para longe, magoa o pai e vive dissolutamente (Lc 15)? É o drama da dignidade perdida. Diante da fome, o filho decide voltar à casa. Jesus descreve a sublime acolhida do pai que, movido de compaixão, corre ao encontro do filho, abraça-o com afeto e o beija. Depois é a festa da alegria do pai. A misericórdia se identifica com o amor que não se deixa vencer pelo mal, mas vence o mal com o bem (Rm 12,21). É o amor benigno, sempre disposto a perdoar e a restaurar a dignidade perdida do filho.

À luz da fé, temos que imitar o "Pai misericordioso" e fazer a experiência da reconciliação, acolhendo aqueles que nos ofenderam, ajudando-os a se corrigirem da falta e aproximando-nos deles como irmãos. Quando isso acontecer, a nossa prece será um ato de reconhecimento da presença e da ação de Deus em nós, pois, sem a graça divina, ninguém é capaz de reconciliar-se com seu irmão. Com alegria, diremos a Cristo, que nos ajudou a ser misericordiosos: "Eras tu, Senhor?".

50

Maria mãe dos pobres

Maria então disse: "A minha alma engrandece o Senhor, e meu espírito se alegra em Deus, meu Salvador, porque ele olhou para a humildade de sua serva. Todas as gerações, de agora em diante, me chamarão feliz, porque o Poderoso fez para mim coisas grandiosas. O seu nome é santo, e sua misericórdia se estende de geração em geração sobre aqueles que o temem. Ele mostrou a força de seu braço: dispersou os que têm planos orgulhosos no coração...".

(Lucas 1,46-51)

Maria é a mulher forte que conheceu a pobreza e o sofrimento, a fuga e o exílio. Ela experimentou isso por amar a situação dos filhos necessitados. À medida que voltarmos nosso coração para Maria, assumiremos o compromisso autêntico com nossos irmãos, especialmente os mais pobres, e com a necessária transformação da sociedade.

Com ela, aprendemos a viver a opção preferencial pelos pobres. Puebla nos ensina que o objetivo dessa opção é o anúncio do Cristo Salvador, que ilumina os homens, a respeito de sua própria dignidade, e os leva à libertação das injustiças e à comunhão com o Pai e os irmãos.

51

Força nas provações

Caríssimos, não estranheis o fogo da provação que lavra entre vós, como se alguma coisa de estranho vos estivesse acontecendo. Pelo contrário, alegrai-vos por participar dos sofrimentos de Cristo, para que possais exultar de alegria quando se revelar a sua glória. Se sofreis injúrias por causa do nome de Cristo, sois felizes, pois o Espírito da glória, o Espírito de Deus, repousa sobre vós. Mas não aconteça alguém de vós sofrer como assassino, ladrão, malfeitor ou intrigante. Se, porém, alguém sofrer por ser cristão, não se envergonhe. Antes, glorifique a Deus por este nome.

(1 Pedro 4,12-16)

Se eu pudesse construir uma igreja, construiria sempre com três cruzes. Uma cruz sozinha não descreve completamente o Cristo. Ele não é o homem da cruz. Ele é o homem dos crucificados, está ao lado dos que passam pelo sofrimento da cruz. Não tenham medo do sofrimento. Não se entristeçam com as provas: "Pai, eu não peço que os tires do mundo", é a oração do Cristo, "mas que os preserves do mal... Santifica-os na verdade". Se pudéssemos entender, irmãos e irmãs, que a grande oração do cristão não é só voltada a ser preservado do mal, mas para ter a força de enfrentar os sofrimentos na solidariedade. Essa é a maior graça do cristão. Sem medo dos sofrimentos, sem medo das dificuldades, sem medo das provações, para poder ficar mais perto dos que padecem, dos que sofrem, dos que experimentam a comunhão com a paixão do Cristo.

52

Cristo no outro

Então o Rei dirá aos que estiverem à sua direita: "Vinde, benditos de meu Pai! Recebei em herança o Reino que meu Pai vos preparou desde a criação do mundo! Pois eu estava com fome, e me destes de comer; estava com sede, e me destes de beber; eu era forasteiro, e me recebestes em casa; estava nu e me vestistes; doente, e cuidastes de mim; na prisão, e fostes visitar-me". [...] "Em verdade, vos digo: todas as vezes que fizestes isso a um destes mais pequenos, que são meus irmãos, foi a mim que o fizestes!"

(Mateus 25,34-36.40)

Nós pensamos, às vezes, em Cristo de um modo assim muito difuso, um pouco até difícil de perceber. Mas hoje é tão fácil perceber a presença de Jesus Cristo em cada pessoa. Não sei se se lembram de Dom Helder, que de noite, naquela sua pequena sacristia onde morava [...] batem, batem, batem de madrugada. É um bêbado! E este olha para ele e diz assim: "Você não me engana, não! Eu sei que você é Jesus Cristo!". É um olhar de fé. Cada pessoa humana reflete a presença de Jesus Cristo. Ele dizia: "Tudo o que você fizer a ele, a mim você faz". É essa a presença de Cristo, não só entre nós, mas em cada pessoa, na situação existencial de cada pessoa.

53

O verdadeiro tesouro

Não ajunteis tesouros aqui na terra, onde a traça e a ferrugem destroem e os ladrões assaltam e roubam. Ao contrário, ajuntai para vós tesouros no céu, onde a traça e a ferrugem não destroem, nem os ladrões assaltam e roubam. Pois onde estiver o teu tesouro, aí estará também o teu coração.

(Mateus 6,19-21)

A crise atual é de valores. O homem de hoje coloca a dimensão econômica como prioritária. A ganância passou a ser o grande motivo de quase tudo o que fazemos. O que importa é o dinheiro, o lucro fácil, a acumulação de bens. Deixa-se de lado o trabalho sério. Procura-se possuir mais, mesmo que isso se faça à custa dos outros. O mundo tornou-se terrivelmente egoísta e violento. No campo expulsam-se posseiros, índios e pequenos agricultores. Crescem a concentração de propriedades e o latifúndio. Na cidade, a especulação imobiliária, as operações bancárias com altos juros e o jogo, com o fascínio de enriquecimento rápido. Aumenta a corrupção. Negócios escusos fazem-se sem escrúpulos.

É sempre o lucro que comanda. Quantos escândalos foram constatados nos últimos anos e permanecem impunes! Quando o que importa é ganhar dinheiro, invertem-se os valores. A pessoa humana fica relegada a segundo plano. Enquanto a dignidade da pessoa humana estiver submetida ao egoísmo e ao lucro fácil, será impossível construir uma nova ordem social. A vida humana é dom sagrado de Deus que deve ser respeitado.

54

A partilha gera justiça

Que cada um dê conforme tiver decidido em seu coração, sem pesar nem constrangimento, pois "Deus ama quem dá com alegria". Deus é poderoso para vos cumular de toda sorte de graças, para que, em tudo, tenhais sempre o necessário e ainda tenhais de sobra para empregar em alguma boa obra, como está escrito: "Distribuiu generosamente, deu aos pobres; a sua justiça permanece para sempre".

(2 Coríntios 9,7-9)

Rita é magrinha, menina de olhar triste. Mora num bairro bem pobre da Zona Leste. Frequenta, com centenas de menores, o Centro Comunitário. Na hora da merenda recebeu o pãozinho com doce. Comeu até a metade. Depois guardou o pedacinho dentro do vestido. Nos dias seguintes repetiu-se o fato. Só a metade. A monitora, abraçando a menina, perguntou-lhe por que fazia isso. Rita levantou os olhinhos e respondeu: "É para meu irmão menor que não pode vir". A metade era para ele. Lição de criança.

Estamos preocupados com a miséria do povo. Para acabar com a fome de pão, é preciso que cresça dentro de nós um outro tipo de fome: a fome e sede de justiça, bem-aventurança evangélica anunciada por Jesus. Por que não fazemos como a criança? O que temos é suficiente para todos. Pão para quem tem fome. Que não falte mais pão para ninguém! Bem-aventurados os que repartem o pão. Só metade. Basta para todos.

55

Nivelar-se para amar

Com os judeus, me fiz judeu, para ganhar os judeus. Com os súditos da Lei, me fiz súdito da Lei – embora não fosse mais súdito da Lei –, para ganhar os súditos da Lei. Com os sem-lei, me fiz um sem-lei – eu que não era sem a lei de Deus, já que estava na lei de Cristo –, para ganhar os sem-lei. Com os fracos me fiz fraco, para ganhar os fracos. Para todos eu me fiz tudo, para certamente salvar alguns. Por causa do Evangelho eu faço tudo, para dele me tornar participante.

(1 Coríntios 9,20-23)

A primeira coisa para amar o outro, como Jesus ama, é ser parecido com o outro. Ninguém consegue manter privilégios e amar o outro. Se você guardar seus privilégios, não vai entender o outro. Você pode fazer atos de grandeza, de bondade, mas entender a fome, por exemplo, você não a entende, sem senti-la. O Evangelho é muito mais do que uma esmola. É entrar na vida do outro, como a mãe que partilha o sofrimento e a alegria da criança.

56

Novo horizonte para os jovens

Alegra-te, pois, ó jovem, na tua adolescência, e teu coração esteja no bem durante a tua juventude; anda nos caminhos do teu coração e segundo o que veem teus olhos. Fica sabendo, porém, que por todas essas coisas Deus te chamará a julgamento. Tira a angústia do teu coração e afasta o mal do teu corpo, pois a adolescência e a juventude são vaidade.

(Eclesiastes 11,9-10)

Qual é a herança que passamos aos nossos jovens? Há, sem dúvida, conquistas excelentes na tecnologia, na área da comunicação, nas descobertas do mistério da vida, e a enumeração se estende a vários campos. Temos, no entanto, que reconhecer o detrimento causado na vivência dos princípios morais, com uma série de desmandos que afetam a vida pessoal e familiar e levam à perda de referencial sobre o sentido da vida humana. A consequência é conhecida. Quem de nós não percebe o crescimento da dependência alcoólica, do uso de drogas e da banalização do sexo? Criou-se aos poucos uma cultura permissiva que idolatra o prazer e se contenta com emoções fugazes. A solução se encontra na redescoberta da transcendência do ser humano e da sua abertura a Deus e à felicidade que ultrapassa os engodos das miragens do cotidiano. Somente o horizonte da transcendência liberta dos apegos e amarras das bagatelas e dos fogos-fátuos. Nossos jovens merecem ser felizes.

57

Encontrar a Deus em todas as coisas

De um só homem ele fez toda a espécie humana, para habitar sobre toda a face da terra, tendo estabelecido o ritmo dos tempos e os limites de sua habitação. Assim fez, para que buscassem a Deus e, talvez às apalpadelas, o encontrassem, a ele que na realidade não está longe de cada um de nós.

(Atos 17,26-27)

Para nós, Cristo é luz (Ap 21,23; Jo 8,12), Cristo é a fonte de água viva (Jo 7,38), fonte de todo bem e de toda graça para os homens (Jo 1,14.16.17). O mundo, os acontecimentos, as pessoas ficam, assim, transfigurados pela luz do Cristo, e só por essa luz podem ser entendidos com verdade, como o raio de luz é associado ao sol e a água, a sua fonte. Mais ainda, assim como no raio de luz podemos perceber o sol, uma vez conhecido o sol, é só por ele que podemos ter um conhecimento verdadeiro do raio de luz.

Do mesmo modo, não só as criaturas nos "levam" a Deus, mas, uma vez conhecido Deus, seu amor, e seu plano de salvação, é só sob essa luz que conseguiremos entender a realidade. E assim o movimento se completa: das coisas a Deus, que nelas está presente e operando em nosso benefício – e da fonte de todo bem, a Suma Bondade, Cristo Salvador, imagem do Pai, "descemos" ao que as criaturas têm ao mesmo tempo de mais íntimo e de mais profundo.

58

Opção pela vida

Não procureis a morte com uma vida desregrada, e não provoqueis a ruína com as obras de vossas mãos. Pois Deus não fez a morte, nem se alegra com a perdição dos vivos. Ele criou todas as coisas para existirem, e as criaturas do orbe terrestre são saudáveis: nelas não há nenhum veneno mortal, e não é o mundo dos mortos que reina sobre a terra, pois a justiça é imortal.

(Sabedoria 1,12-15)

O acidente [que sofri] fez-me entrar em confronto com a morte muito rapidamente. Não houve tempo para preparação ou reflexão. No entanto, tudo isso, na época, recebi como uma graça para poder perceber novos valores, principalmente a importância do valor da vida. Hoje vejo que a vida do nosso povo está sendo ameaçada e agredida de vários modos. Pouco a pouco, esse povo está perdendo suas esperanças. À luz do valor da vida, que passei a apreciar ainda mais, gostaria de me empenhar para que esse povo querido e sofrido pudesse recuperar todo o exercício de sua dignidade e, assim, usufruir o grande dom da vida, que Deus quer que cada um de seus filhos tenha aqui na terra.

59

Para uma sociedade nova

[...] Eu vos dou um novo mandamento: amai-vos uns aos outros. Como eu vos amei, assim também vós deveis amar-vos uns aos outros. Nisto conhecerão todos que sois os meus discípulos: se vos amardes uns aos outros.

(João 13,34-35)

Como é bela, sempre bela, a palavra do Evangelho, quando Jesus nos diz que é preciso que amemos o nosso próximo como ele nos amou! Amar é dar a vida. Dar a vida é considerar o próximo como mais importante do que nós mesmos. Essa sociedade será redimida, será libertada no momento em que cada pessoa humana discernir no seu irmão alguém que é mais importante, mais valioso do que ela mesma. É no momento em que nós entendermos a força do amor divino, que se fez carne e deu a vida por nós; é no momento em que nós entendermos que a sociedade se reencontrará com ela mesma, quando toda ação participativa tender a perceber no olhar do nosso irmão aquele que merece o dom de nossa vida.

60

Conviver como irmãos

*Oh! Como é bom, como é agradável os irmãos conviverem juntos! É como óleo precioso sobre a cabeça, que escorre pela barba, pela barba de Aarão, e desce sobre a gola do seu manto. É como o orvalho do Hermon, descendo sobre os montes de Sião. Pois é lá que o S*ENHOR *dá a bênção e a vida para sempre.*

(Salmo 133)

Viver é conviver. Uma vida isolada não só se fecha sobre si mesma em sua pequenez, no seu mistério, na sua solidão, como também deixa de ser uma vida útil para os outros. Quem convive não usufrui do outro, mas oferece seu próprio ser: tudo aquilo que possui para que o seja e seja mais. Conviver, viver ao lado do outro, junto com o outro e em profunda comunhão de ideais, de valores, de temores, de esperanças.

O mundo de hoje peca por egoísmo, e por isso peca por solidão e, consequentemente, peca por raquitismo em todos os níveis da pessoa humana. Vida que se estiola, que fenece, que acaba cedo porque não soube descobrir a fórmula da felicidade: conviver. Deus é aquele que se faz presente em nosso ser. Quem descobre Deus no íntimo de sua consciência aprende a conviver com aquele que nunca frustra o anseio da presença. E é ele também que nos ensina a descobrir todas as formas e níveis de presença. Ele é o grande mestre da convivência.

61

A novidade do perdão cristão

Ouvistes que foi dito: "Amarás o teu próximo e odiarás o teu inimigo!" Ora, eu vos digo: Amai os vossos inimigos e orai por aqueles que vos perseguem! Assim vos tornareis filhos do vosso Pai que está nos céus; pois ele faz nascer o seu sol sobre maus e bons e faz cair a chuva sobre justos e injustos.

(Mateus 5,43-45)

Jesus ensinava que saudar a quem nos saúda é coisa comum. Emprestar a quem nos devolve é comum. O que é novo, realmente, é a palavra do Sermão da Montanha, que nos ensina a "amar o inimigo" [...]. O que é novo no Cristianismo é o perdão. Há duas palavras que resumem o Cristianismo: perdão e esperança. São originais de Jesus Cristo. Dei-me ao trabalho, naturalmente sempre incompleto, de ler os filósofos e os grandes pensadores anteriores a Jesus Cristo, simplesmente, para me perguntar se havia alguma palavra de perdão na antiguidade. Não encontrei. Quem chega mais perto é Platão, quando diz que o homem bom, correto, virtuoso não deve fazer o mal, porque, senão, ele deixaria de ser bom. Mas isso não é perdão.

A novidade da mensagem de Cristo é o perdão. São Pedro (1Pd 3,18), referindo-se a Cristo, diz que "o justo morreu pelos injustos". Não se trata apenas de esquecer as injustiças de quem nos ofende. Jesus dá a vida pelos que praticam a injustiça. A marca do Cristianismo é dar a vida não só pelos amigos justos como também pelos injustos.

62

Igreja encarnada

A multidão dos fiéis era um só coração e uma só alma. Ninguém considerava suas as coisas que possuía, mas tudo entre eles era posto em comum. Com grande poder, os apóstolos davam testemunho da ressurreição do Senhor Jesus, e sobre todos eles multiplicava-se a graça de Deus. Entre eles ninguém passava necessidade, pois aqueles que possuíam terras ou casas as vendiam, traziam o dinheiro e o depositavam aos pés dos apóstolos. Depois, era distribuído conforme a necessidade de cada um.

(Atos 4,32-35)

A Igreja encarnada não só é uma Igreja muito atenta aos fatos e aos dramas da vida cotidiana do povo. É muito mais do que isso. A Igreja encarnada é uma Igreja que "entra na carne", que assume a situação mais dolorosa da humanidade. É uma Igreja que, a exemplo de Cristo, não considera a regalia da divindade, mas analogicamente procura estar sempre ao lado dos empobrecidos, partilhando de suas angústias [...]. Parece-me que uma Igreja encarnada que vive o dinamismo da solidariedade é uma Igreja rica em comunhão. É uma Igreja que saboreia e usufrui a *koinonia*. O dinamismo da Igreja encarnada é justamente esse de conseguir despertar e intensificar a dimensão da *koinonia* em toda a história da humanidade.

63

Educar os filhos

Filhos, obedecei a vossos pais, no Senhor, pois isto é de justiça. E vós, pais, não provoqueis revolta nos vossos filhos; antes, educai-os com uma pedagogia inspirada no Senhor.

(Efésios 6,1.4)

Como tratar as crianças? A resposta é simples: com muito amor. A razão mais profunda é a certeza de que cada criança que vem ao mundo é criada e amada por Deus. Deve ser acolhida como dom de Deus à humanidade. [...] Há pais que descarregam a própria agressividade sobre os menores. Exigem serviços e omitem-se nos deveres básicos de atendimento à saúde e à educação.

Como deve ser traumatizante para a criança ser espancada pelo pai alcoolizado! Mas não há só a agressão física. Os maus-tratos psíquicos são mais dolorosos. Como ficam os filhos do casal separado? Não raro são vítimas de descaso, solidão e abandono. A criança que sofre violência fecha-se sobre si mesma e predispõe-se à agressão. Para corrigir uma criança, vale muito mais o amor e o afeto do que a brutalidade impositiva.

Crianças sofridas, de olhar triste, crianças amedrontadas, subnutridas e doentias, quantas são pelo Brasil afora? [...] A vida na família e na escola pode transformar-se em bem para as crianças. Isso vale para todos nós. Temos de abrir o coração para acolher a criança, nela acreditar. Temos de saber conceder-lhe tempo, para ouvi-la, compreendê-la e animá-la.

64

Como vencer a infelicidade

Sim, irmãos, fostes chamados para a liberdade. Porém, não façais da liberdade um pretexto para servirdes à carne. Pelo contrário, fazei-vos escravos uns dos outros, pelo amor. Pois toda a lei se resume neste único mandamento: "Amarás o teu próximo como a ti mesmo". Eu vos exorto: deixai-vos sempre guiar pelo Espírito, e nunca satisfaçais o que deseja uma vida carnal.

(Gálatas 5,13-14.16)

Por que não somos felizes nesta vida? Não é a maldade no coração humano que causa ofensas, violência, divisões e tristezas? Ficamos separados dos outros e longe de Deus. A vitória de Cristo não nos deixa desanimar diante da tarefa de vencermos o mal, o ódio, a ganância, a sede desenfreada de prazer e toda forma de pecado.

Para cada cristão, a Páscoa de Jesus é a passagem para a vida nova, com mudança de comportamento pessoal, especialmente na própria família, renovando o amor, a compreensão e a doação aos outros. A vida nova é ainda o compromisso de construir um tipo diferente de sociedade, marcada pelo respeito e pela estima à dignidade de cada pessoa, sem discriminação de classe, raça ou ideologia.

65

Oferecer-se ao Pai pelo bem dos irmãos

Eu vos exorto, irmãos, pela misericórdia de Deus, a vos oferecerdes em sacrifício vivo, santo e agradável a Deus: este é o vosso verdadeiro culto. Não vos conformeis com este mundo, mas transformai-vos, renovando vossa maneira de pensar e julgar, para que possais distinguir o que é da vontade de Deus, a saber, o que é bom, o que lhe agrada, o que é perfeito.
(Romanos 12,1-2)

Quando a Eucaristia é celebrada, Cristo se oferece ao Pai por nós. É o momento de especial adoração a Cristo ressuscitado. Com as palavras de São Paulo (Rm 12,1) na lembrança, também devemos fazer da vida uma hóstia pura e santa, oferecendo-nos com Cristo ao Pai pelo bem dos nossos irmãos. A comunhão com Jesus Cristo é a fonte de toda santidade pessoal, da vivência comunitária e do dinamismo apostólico. A mãe de família que, cedinho, vai participar da Eucaristia encontra na comunhão com Cristo energias para, com paciência e amor, cuidar da filhinha portadora de deficiência e do marido longamente enfermo. Assim acontece com tantas pessoas, leigos e religiosos, que encontram na comunhão frequente com Cristo a explicação de seu dinamismo para fazer o bem. Recebendo o Cristo na fé, aprendem com ele a amar de verdade a todos, começando pelos mais sofredores: os pobres, os doentes, os encarcerados e tantos outros.

66

A experiência do amor

O amor é paciente, é benfazejo; não é invejoso, não é presunçoso nem se incha de orgulho; não faz nada de vergonhoso, não é interesseiro, não se encoleriza, não leva em conta o mal sofrido; não se alegra com a injustiça, mas fica alegre com a verdade. Ele desculpa tudo, crê tudo, espera tudo, suporta tudo. O amor jamais acabará. As profecias desaparecerão, as línguas cessarão, a ciência desaparecerá.

(1 Coríntios 13,4-8)

Alguns vivem uma caridade sem saber de onde ela vem. Vem do espírito de Cristo. É essa espécie de apaixonamento por Jesus Cristo que acompanha toda a vida e que basta realmente como conforto cotidiano, mesmo que não haja consolações, no sentido de saborear determinadas luzes. Mas o que há é aquela alegria do serviço. Acho que isso vale para todos nós. Dizer: "Senhor, hoje eu me cansei, mas foi por você!". Acho que isso é algo que continua pela vida toda.

67

Em Cristo está a nossa força

Não que eu já tenha recebido tudo isso, ou já me tenha tornado perfeito. Mas continuo correndo para alcançá-lo, visto que eu mesmo fui alcançado pelo Cristo Jesus. Irmãos, eu não julgo já tê-lo alcançado. Uma coisa, porém, faço: esquecendo o que fica para trás, lanço-me para o que está à frente. Lanço-me em direção à meta, para conquistar o prêmio que, do alto, Deus me chama a receber no Cristo Jesus.

(Filipenses 3,12-14)

Paulo lê no gesto da cruz de Cristo a certeza do amor por ele, e cria, dentro de si, uma segurança nova. "Tudo posso naquele que me conforta" (Fl 4,13). Nós somos chamados a fazer o mesmo itinerário: descobrir que somos amados, confiar naquele que nos ama, readquirir a segurança na vida, perceber o sentimento da existência e, de novo, colocar-se na vontade de colaborar para um mundo de confiança recíproca e de fraternidade.

68

O dom da unidade

Eu já não estou no mundo; mas eles estão no mundo, enquanto eu vou para junto de ti. Pai Santo, guarda-os em teu nome, o nome que me deste, para que eles sejam um, como nós somos um. Quando estava com eles, eu os guardava em teu nome, o nome que me deste. Eu os guardei, e nenhum deles se perdeu, a não ser o filho da perdição, para se cumprir a Escritura. Agora, porém, eu vou para junto de ti, e digo estas coisas estando ainda no mundo, para que tenham em si a minha alegria em plenitude. Eu lhes dei a tua palavra, mas o mundo os odiou, porque eles não são do mundo, como eu não sou do mundo.

(João 17,11-14)

"Que todos sejam um." É a oração de Jesus antes de sofrer a paixão e a morte. A unidade nasce do amor que Cristo veio nos ensinar. A Eucaristia realiza e celebra esse amor, através dos tempos. Cristo dá sua vida pela humanidade. É o sacrifício do Novo Testamento para o perdão dos pecados e a vida do mundo. Não só. Oferece seu corpo e sangue para alimento dos seus discípulos. Pão repartido para os que têm fome. Na celebração da Eucaristia, renovamos a fé no amor que Deus nos tem e nos comprometemos a amar como Cristo nos amou.

69

A arte da paz

Quem dentre vós é sábio e inteligente? Mostre, por seu bom procedimento, que suas ações são feitas na mansidão inspirada pela sabedoria. Mas, se fomentais, no coração, amargo ciúme e rivalidade, não vos ufaneis disso, mas deixai de mentir contra a verdade. Essa não é a sabedoria que vem do alto. Ao contrário, é terrena, egoísta, demoníaca! Onde há inveja e rivalidade, aí estão as desordens e toda espécie de obras más. A sabedoria, porém, que vem do alto é, antes de tudo, pura, depois pacífica, modesta, conciliadora, cheia de misericórdia e de bons frutos, sem parcialidade e sem fingimento. O fruto da justiça é semeado na paz, para aqueles que promovem a paz.

(Tiago 3,13-18)

Quem reza recebe a força de Deus para pagar o mal com o bem. A paz é fruto da oração confiante em Deus [...]. Para além dos preconceitos, das diferenças raciais ou ideológicas, somos filhos do mesmo Pai do Céu, chamados a construir uma sociedade em que cada um respeite as diferenças e qualidades dos demais e seja capaz de viver com todos em comunhão afetiva e partilha de bens. [...] Na sede da CNBB, há em lugar de destaque uma artística pomba em bronze, oferta da comunidade israelita. As asas são mãos humanas abertas. A mensagem é clara. A pomba é a paz. Só voa e ganha altura quando as mãos se abrem e se movimentam no mesmo ritmo e no mesmo afeto. Bem-aventurados os que promovem a paz, porque serão chamados "filhos de Deus".

70

Optar pelos pobres

Jesus foi então a Nazaré, onde se tinha criado. Conforme seu costume, no dia de sábado, foi à sinagoga e levantou-se para fazer a leitura. Deram-lhe o livro do profeta Isaías. Abrindo o livro, encontrou o lugar onde está escrito: "O Espírito do Senhor está sobre mim, pois ele me consagrou com a unção, para anunciar a Boa-Nova aos pobres: enviou-me para proclamar a libertação aos presos e, aos cegos, a recuperação da vista; para dar liberdade aos oprimidos e proclamar um ano de graça da parte do Senhor".

(Lucas 4,16-19)

O fundamento dessa opção preferencial [pelos pobres] é a palavra e a vida de Jesus Cristo transmitida pela palavra e pelo testemunho de tantos homens e mulheres que na Igreja seguem os exemplos de Jesus Cristo [...]. O pobre não tem atrativo, não tem outras características, senão a sua própria dignidade, e optar pelos pobres é optar simplesmente pela dignidade da pessoa humana; não pela sua fortuna, nem pelos seus bens, nem pela sua influência, mas por aquilo que ele é. Assim, optar pelos pobres, no fundo, é encontrar a grandeza da pessoa humana, embora esquecida e, às vezes, desfigurada.

Portanto, quando a Igreja da América Latina faz a sua opção preferencial pelos pobres, está optando pela dignidade da pessoa humana. Ela vai ser procurada naqueles cuja dignidade está mais vilipendiada, para fazer que a pessoa reencontre a alegria de descobrir essa dignidade.

71

O segredo para ser feliz

Quem tem o coração perverso não encontra a felicidade. Quem falseia sua língua cairá na desgraça.

(Provérbios 17,20)

Que fazer para ser feliz? As bem-aventuranças que Jesus nos ensinou abrem novas perspectivas. Feliz é quem faz o outro feliz. Deus nos ama antes que nós o amemos. Jesus, revelando-nos o amor de Deus, dá-nos a fórmula da felicidade, exortando-nos a amar como ele ama.

O amor da mãe pelos filhos mostra a beleza dessa gratuidade. Antes de a criança ser capaz de agradecer, já é amada pelos pais e recebe deles todo afeto e dedicação. A mãe se sente feliz quando vê os filhos crescerem cumprindo seus deveres e desenvolvendo seus talentos. Esse afeto imita o amor que Deus nos tem e nos faz compreender o segredo da felicidade ao alcance de nossas mãos. Basta experimentar para percebermos como é bom amar de verdade, na doação de si mesmo e na promoção do próximo, especialmente dos aflitos e necessitados.

Nada realiza mais uma pessoa do que a alegria de fazer alguém reencontrar a paz, a confiança e o sentido da vida [...]. Sofrimentos e provações não diminuem nossa alegria profunda, e sim fazem crescer o amor. Quem tiver dúvidas sobre esse caminho, peça a Deus que lhe dê coragem de fazer a experiência e descobrir, já nesta vida, o segredo da felicidade.

72

Aprender com Jesus a viver neste mundo

Não temos um sumo sacerdote incapaz de se compadecer de nossas fraquezas, pois ele mesmo foi provado em tudo, à nossa semelhança, sem todavia pecar. Aproximemo-nos então, seguros e confiantes, do trono da graça, para conseguirmos misericórdia e alcançarmos a graça do auxílio no momento oportuno.

(Hebreus 4,15-16)

Lembro-me, uma vez, de um homem que tocava violino em duas cordas. É muito mais difícil. Assim o Cristo. Ele tocou violino em duas cordas. Ele, sem nenhum aparato, sem nenhum privilégio, identificado com os miseráveis, foi colocando na humanidade o amor. E esse amor é que revoluciona a história, que muda o sentido da história, do qual ele deu prova na cruz. Trata-se de perceber que Jesus Cristo mostra que Deus nos dá uma vida para alcançarmos depois a plenitude da vida, e que nós vamos ficar neste mundo sem privilégios, como ele, vivendo entre o bem e o mal, entre o ódio e o amor, entre a miséria e a riqueza. E essa é a leitura divina que nós temos de fazer: Deus nos deixa neste mundo.

Talvez aí esteja a maior luz teológica: perceber que, neste mundo, Deus nos dá uma grande graça não fazendo milagres e nos deixando, como ele, viver o cotidiano da vida humana, na doença, na pobreza, na incompreensão, na deficiência, porque assim é que se salva o mundo, assim é que Jesus salvou o mundo.

73

Acolher a vida que nasce

Então o Senhor Deus formou o ser humano com o pó do solo, soprou-lhe nas narinas o sopro da vida, e ele tornou-se um ser vivente.

(Gênesis 2,7)

Um país que admite o aborto está aceitando a própria morte de seus filhos. Torna-se destruidor de si mesmo. A quem pode aproveitar o aborto? Somente àqueles interessados em confundir as consciências e perverter valores. O que está em foco é a própria vida, e a vida deve ser plenamente respeitada. Desde o primeiro momento da concepção, é um ser humano que nasce. E essa individualidade, a partir do momento em que o espermatozoide se encontra com o óvulo, não tem interrupção de continuidade.

Assim, a questão do aborto se resume em saber se esse ser humano que inicia a sua trajetória de vida individual tem ou não direito à existência. Ele não é parte da mãe. É um ser autônomo, só que frágil, pequenino, escondido, indefeso [...]. É verdade também que, embora seja extremamente simples na sua formulação, pode haver obstáculos sérios à compreensão dessa doutrina. São obstáculos psicológicos pessoais, de quem se encontra em situações extremas. Creio que todos nós concordamos com o dever de oferecer a essas pessoas o máximo de colaboração para que possam superar a situação extrema que enfrentam. No entanto, isso não permite que concordemos com a eliminação de uma vida humana. Seria apenas agravar a angústia.

74

Terra para todos!

Neste ano de jubileu, cada um poderá retornar à sua propriedade. Se venderes a teu concidadão ou dele comprares alguma terra, que ninguém explore aquele que é seu irmão. De acordo com o número dos anos decorridos após o jubileu, comprarás a terra de teu concidadão; e de acordo com os anos de safra, ele a venderá a ti. Quanto maior o número de anos que restarem após o jubileu, tanto maior será o preço da terra. Quanto menor o número de anos, tanto menor o seu preço, pois é de acordo com o número de colheitas que se faz a venda. Ninguém explore o seu concidadão. Teme a teu Deus. Pois eu, o SENHOR, sou vosso Deus.

(Levítico 25,13-17)

Temos todos que refletir. Não é lícito ao homem gerir a terra de tal modo que os benefícios aproveitem só a alguns poucos, ficando os outros, a imensa maioria, excluídos. Há quem estranhe quando membros da Igreja falam sobre a questão fundiária. Mas é missão própria da Igreja colaborar para estabelecer a comunidade humana segundo a lei divina (Constituição *Gaudium et Spes*, 42) e é seu dever pastoral proclamar as exigências fundamentais da justiça. Deus dá a terra para sustento do homem. Não é vontade de Deus que o povo viva na miséria. Não se pode aceitar que objetivos econômicos lesem tão profundamente o atendimento às necessidades básicas da pessoa humana. O problema é ético. A organização social, a propriedade e o uso da terra têm que estar a serviço do homem.

75

Confiança no Senhor, pois ele nos ama

Suporta as demoras de Deus, agarra-te a ele e não o largues, para que sejas sábio em teus caminhos. Tudo o que te acontecer, aceita-o, e sê constante na dor; na tua humilhação tem paciência, pois é no fogo que o ouro e a prata são provados e, no cadinho da humilhação, os que são agradáveis a Deus. Crê em Deus, e ele cuidará de ti; espera nele, e dirigirá os teus caminhos; conserva seu temor, e nele permanece até à velhice.

(Eclesiástico 2,3-6)

O Senhor nos leva a ter uma grande confiança nele, na tomada de consciência do mistério da cruz. Temos de entender que o Senhor ajuda os que ama, e todos somos chamados a ser amados pelo Senhor, não com graças extraordinárias, como a preservação das necessidades materiais, a preservação das doenças, das provas interiores, das humilhações; antes, quanto mais o Senhor ama uma pessoa, uma Igreja, um grupo, tanto mais os aproxima de sua vida.

76

A fome exige partilha

Ao sair do barco, Jesus viu uma grande multidão e encheu-se de compaixão por eles, porque eram como ovelhas que não têm pastor. E começou, então, a ensinar-lhes muitas coisas. Já estava ficando tarde, quando os discípulos se aproximaram de Jesus e disseram: "Este lugar é deserto e já é tarde. Despede-os, para que possam ir aos sítios e povoados vizinhos comprar algo para comer". Mas ele respondeu: "Vós mesmos, dai-lhes de comer!"

(Marcos 6,34-37a)

Jesus disse que devemos dar de comer a quem tem fome. Ele mesmo providenciou pão para os famintos. Sim, é necessário falar de Deus como Pai, mas é preciso ser irmão, fazer algo para quem tem fome. Se temos pão, por que não reparti-lo? E, depois, oremos juntos a Deus que é Pai. Primeiro devemos partilhar o nosso pão, criar condições de compromisso em favor dos outros, pôr mãos à obra, nós mesmos, para fazer surgir uma sociedade na qual haja possibilidade de partilhar o pão [...].

Quando rezamos, quando estamos à mesa, agradeçamos a Deus pelo pão que nos dá; peçamos que o dê também aos que não o têm; talvez também devamos pedir-lhe que nos dê pão e sejamos capazes de trabalhar para que outros tenham pão. É uma visão cristã que devemos propor e também aplicar a nós mesmos. Se repartimos o pão, se trabalharmos para que outros tenham pão, então estaremos em condições de pregar que Deus é Pai e de nos tornar irmãos.

77

Conhecer o outro pelo amor

Caim disse a seu irmão Abel: "Vamos ao campo!" Mas, quando estavam no campo, Caim atirou-se sobre seu irmão Abel e o matou. O Senhor perguntou a Caim: "Onde está teu irmão Abel?" Ele respondeu: "Não sei. Acaso sou o guarda do meu irmão?" – "Que fizeste?", perguntou ele. "Do solo está clamando por mim a voz do sangue do teu irmão!"

(Gênesis 4,8-10)

Quando eu estudava Filosofia, encantei-me muito com a perspectiva do conhecimento do outro, e foi por aí que procurei orientar minha tese. Ainda hoje sou uma pessoa em busca desse conhecimento e tenho dentro de mim a convicção de que a falta de amor ocasiona o desconhecimento do outro. Só conhece quem ama. A mãe conhece seu filho muito mais do que qualquer outra pessoa, justamente porque ela tem uma densidade maior de amor.

Então, é no confronto que mais se desenvolvem a aceitação e o amor ao outro, uma vez que ajuda a superar a deficiência de conhecimento e dá condições de oferecer, se possível, algum valor com quem se está dialogando. Não se trata, portanto, de uma tática de relacionamento, mas é muito mais a expressão da convicção de que o confronto nunca se resolverá se não houver uma atitude básica de amor que passe pelo conhecimento da própria deficiência, pela vontade de colaborar com o bem do outro e pela certeza de que todo esse processo faz parte da vida humana e deve ser respeitado e sadiamente enfrentado.

78

Solidariedade vivida

Levavam também dois malfeitores para serem executados com ele. Quando chegaram ao lugar chamado Calvário, ali crucificaram Jesus e os malfeitores: um à sua direita e outro à sua esquerda. Jesus dizia: "Pai, perdoa-lhes! Eles não sabem o que fazem!" Repartiram então suas vestes tirando a sorte. O povo permanecia lá, olhando. E até os chefes zombavam, dizendo: "A outros ele salvou. Salve-se a si mesmo, se, de fato, é o Cristo de Deus, o Eleito!"

(Lucas 23,32-35)

A cruz não é um sofrimento isolado. É uma solidariedade vivida. Ele está morrendo entre dois homens que morrem na cruz. E essa é a grande luz. É o sofrimento da solidariedade. Cristo passa pelo sofrimento ao lado de pessoas que sofrem até morrer. Era o modo como se matava um condenado. Jesus passa por aí. Ele escolheu livremente morrer ao lado dos seus irmãos que morrem assim [...]. O importante na paixão não é propriamente a paixão, não é o sofrimento. É a solidariedade por amor. A espiritualidade da paixão é a espiritualidade de quem sofre com o outro e por causa do outro. Não há paixão pessoal. A paixão, como o nome diz, é um grande encantamento em assumir por amor a vida do irmão.

79

Da competição à confiança recíproca

Nada façais por ambição ou vanglória, mas, com humildade, cada um considere os outros como superiores a si e não cuide somente do que é seu, mas também do que é dos outros. Haja entre vós o mesmo sentir e pensar que no Cristo Jesus.

(Filipenses 2,3-5)

Se viver é conviver, é também indispensável que as pessoas possam confiar umas nas outras. Como encontrar o caminho da confiança? – é a grande pergunta. Só é possível haver confiança quando alguém acredita na verdade, no amor, na sinceridade de seu semelhante. Em um mundo de conflitos, de confrontos, de concorrências, de competências, fica-se cada vez mais distante da experiência da solidariedade, sem que se veja no outro alguém que pode estar interessado no meu bem, na minha realização pessoal. [...] Só pode confiar no outro quem ama o outro. E só pode amar o outro, num mundo de desespero e ódio, quem antes é pelo outro amado.

A quem compete a iniciativa do primeiro gesto? É aí que entra a grande iniciativa de Deus. Ele é aquele que ama primeiro. Em um mundo que perdeu a coragem de amar e confiar, a palavra sempre nova é a de Jesus – ele veio para dar a Vida: "Eu vim para que todos tenham vida e a tenham em abundância" (Jo 10,10). E a vida nós teremos no momento em que formos capazes de confiar nos outros e de descobrir que na origem, na raiz de nossa própria existência, existe um ato pessoal, infinito, de amor.

80

O exemplo de Maria

Simeão os abençoou e disse a Maria, a mãe: "Este menino será causa de queda e de reerguimento para muitos em Israel. Ele será um sinal de contradição – e a ti, uma espada traspassará tua alma! – e assim serão revelados os pensamentos de muitos corações".

(Lucas 2,34-35)

Maria é modelo de fé em meio às provações. Seu coração nunca duvidou do amor de Deus e ela soube sempre confiar nele. Meditava, à luz da Palavra, nos acontecimentos de seu povo para aí descobrir a presença e a ação providente do Pai. Ela nos ensina que Deus tem solicitude constante pelos seus filhos e que há de nos dar graça para superar o medo, a desesperança e, também, para encontrarmos força para buscar caminhos de justiça e paz. É para nós a Mãe que nos revela o rosto amoroso de Deus. Ela nos comunica o amor que vence o egoísmo, a ganância e a acumulação de bens.

Precisamos redescobrir, pelo exemplo de Maria, que somos irmãos e temos de reaprender o respeito, o amor e a solidariedade entre nós. Unamos nossa fé numa oração de filhos que invocam a Mãe comum, pedindo-lhe que nos eduque e oriente, que nos abra ao ensinamento de Jesus, aquele que veio anunciar o Reino de justiça e fraternidade.

81

Beber da fonte

Oh! Todos que estais com sede, vinde buscar água! Quem não tem dinheiro venha também! Comprar para comer, vinde, comprar sem dinheiro vinho e mel, sem pagar! Para que gastar dinheiro com coisas que não alimentam? Por que trabalhar tanto pelo que não mata a fome? Escutai, ouvi bem o que eu digo e comereis o que há de melhor, o vosso paladar se deliciará com o que há de mais saboroso.

(Isaías 55,1-2)

Nossa existência está por demais estruturada. Assumimos uma série de responsabilidades no lar, no trabalho. O nosso tempo fica completamente absorvido. São compromissos de toda espécie. Como conciliar o ritmo de intensa ocupação com a experiência indispensável da oração? Orar não é interromper outras ocupações. Há momentos em que isso também é necessário. Rezar é estar na presença de Deus ao longo de todas as atividades do dia. Esse "estar em Deus" nasce da certeza de que Deus nos ama e se interessa por nós. A experiência de união com ele pode nos oferecer, apesar das muitas ocupações, a integração profunda de nossa vida consciente.

82

Vingança não é solução

Tomai cuidado para que ninguém retribua o mal com o mal, mas procurai sempre o bem entre vós e para com todos.

(1 Tessalonicenses 5,15)

Já paramos para pensar no ressentimento acumulado, na desconfiança recíproca, na vontade de dominar que pode a qualquer momento eclodir no coração humano? Deus nos livre e guarde desse caos! A solução é outra.

Um sofredor de rua, Pedro, irmão de todos nós, vinha se esforçando para encontrar trabalho, conservar um pouco de dinheiro e voltar para Recife [...]. Foi se recuperando. Um colega de Pedro apareceu muito bêbado, viu o amigo já mais arrumado e lançou-se às pauladas sobre ele, ferindo-o sem piedade. Os gritos permitiram que outros interrompessem logo aquela cena de maldade. Pedro foi levado para o pronto-socorro do Tatuapé, com o braço partido e a cabeça sangrando. O outro fugiu. Já sabemos o que pode acontecer. Um novo confronto feito de vingança seria fatal. O jeito é conversar. Pedro dispõe-se a perdoar. Reconhece que o companheiro tinha bebido demais. Encontrei-me com o agressor. Estava arrependido. É a única solução. Perdoar. Mas é preciso que o colega não repita a maldade. Eis o roteiro para a sociedade. Grandeza para perdoar e empenho para não reincidir no erro. Nós, homens, somos mesquinhos e vingativos. Só Deus nos dá grandeza e coragem para superarmos nossa mania de cobrar dos outros e revidar as ofensas.

83

Portas abertas aos migrantes

Se um estrangeiro vier morar convosco na terra, não o maltrateis. O estrangeiro que mora convosco seja para vós como o nativo do país.

(Levítico 19,33-34a)

O fenômeno das migrações é universal e causa sofrimentos, temores e perda de segurança para milhões de pessoas, que são forçadas a emigrar em busca de trabalho e, não raro, por razões políticas. O caso mais doloroso é o dos refugiados [...]. É triste a situação dos que deixam sua pátria forçados pela perseguição de raça, religião, nacionalidade, enfim, excluídos. Podemos compreender facilmente a extrema dificuldade desses seres humanos que perdem as próprias raízes e são obrigados a fugir e buscar asilo em outras nações. Estamos diante de um fenômeno que manifesta a desordem de valores que caracteriza tristemente a trajetória da humanidade. O drama dos refugiados foi definido pelo Papa João Paulo II como a "chaga vergonhosa de nossa época" [...]. A situação dos refugiados é um apelo e desafio à solidariedade. E se fôssemos nós os expulsos da própria pátria? Temos que nos reeducar para superar o individualismo e, diante de Deus, abrir o coração para acolher os mais necessitados, que estão em busca de uma pátria amiga e de um lar.

84

Identificar-se com o outro

Haja entre vós o mesmo sentir e pensar que no Cristo Jesus. Ele, existindo em forma divina, não se apegou ao ser igual a Deus, mas despojou-se, assumindo a forma de escravo e tornando-se semelhante ao ser humano. E encontrado em aspecto humano, humilhou-se, fazendo-se obediente até à morte – e morte de cruz!

(Filipenses 2,5-8)

Quem se identifica com o outro lhe diz o quanto o quer bem, o quanto deseja comunicar-lhe a mensagem por parte de Jesus. A partilha que leva à identidade mais difícil é aquela com os pobres, que é símbolo da identidade com todos os homens. Se me identifico com aqueles que mais têm necessidade de mim, significa que eu, se for necessário, me identificaria também com os outros. Isso inclui ainda o respeito a cada pessoa humana, seja no diálogo inter-religioso e ecumênico, seja na estima pelo modo com que nosso povo vive a sua fé nas suas expressões, que devem ser sempre mais compreendidas e assumidas nos seus valores profundos.

85

Mãos estendidas

Uma vez que nunca deixará de haver pobres na terra, eu te dou este mandamento: abre tua mão para teu irmão, teu necessitado, teu pobre em tua terra.

(Deuteronômio 15,11)

Viver é partilhar. Não podemos pensar em convivência sem partilha, porque, o que faz da convivência um valor profundamente humano, é a comunicação do amor. E a comunicação do amor se traduz na partilha, com o nosso irmão, de todas as oportunidades de realização que a vida nos oferece. A partilha é a expressão mais verdadeira da alegria de conviver. A partilha inclui a oferta, o dom de si, a distribuição de bens e, mais do que isso, o possuir em comum.

Partilhar não é dar um pedaço a cada um, para sentir alegria, no íntimo da consciência, pensando que, porque fez isso, é bom. Partilhar é mais do que isso. É ficar dentro do pedaço que a gente dá para o outro. É, com o outro, usufruir em comum de tudo o que é bom na vida; não só aguentar juntos tudo o que há de duro na vida.

A partilha é a expressão concreta da convivência. E, ainda mais, é a própria convivência em cada momento da vida, feita de uma espécie de copropriedade de tudo o que constitui um benefício da existência.

86

A missão começa pelos últimos

Ora, João Batista, estando na prisão, ouviu falar das obras do Cristo e mandou alguns discípulos para lhe perguntar: "És tu, aquele que há de vir, ou devemos esperar outro?" Jesus respondeu-lhes: "Ide contar a João o que estais ouvindo e vendo: cegos recuperam a vista, paralíticos andam, leprosos são curados, surdos ouvem, mortos ressuscitam e aos pobres se anuncia a Boa-Nova...".

(Mateus 11,2-5)

Na lógica do amor gratuito, somos chamados a amar a todos, mas dedicando-nos mais aos que estão em maior necessidade. É o exemplo da mãe em família: ama a todos os filhos e filhas, mas devota-se mais aos pequeninos e a quem tem alguma deficiência. O amor é o mesmo, mas ela usa de sabedoria e inteligência. Essa atenção prioritária aos mais pobres caracterizou as primeiras comunidades cristãs, empenhadas em que todos tivessem o necessário, colocando até os próprios recursos em comum.

A força e a beleza do amor gratuito marcaram o próprio ensinamento dos apóstolos, que, ao celebrarem a Eucaristia, ensinaram a necessidade de acolher o próprio Cristo no pobre. É sempre a lógica do amor gratuito. A razão é que nesse amor aos últimos se manifesta a verdade e a pureza da gratuidade.

87

Amor sem medida

Ninguém tem amor maior do que aquele que dá a vida por seus amigos. Vós sois meus amigos, se fizerdes o que eu vos mando. Já não vos chamo servos, porque o servo não sabe o que faz o seu Senhor. Eu vos chamo amigos, porque vos dei a conhecer tudo o que ouvi de meu Pai. Não fostes vós que me escolhestes; fui eu que vos escolhi e vos designei, para dardes fruto e para que o vosso fruto permaneça. O que eu vos mando é que vos ameis uns aos outros.

(João 15,13-16a.17)

A mulher que ama seu marido fica com ele mesmo quando é banido, desprestigiado ou quando contrai uma doença contagiosa. Pouco importa o que vai suceder a ela; importa ficar ao lado daquele que ela ama, para amá-lo mais e ajudá-lo em tudo. A mãe fica com o filhinho com problemas mentais ou deficiente. O amor leva à presença e, aos poucos, à identificação, em uma comunhão sem fim.

Colocar-me diante de Jesus na cruz é compreender que ele continua a sofrer nos homens perseguidos, doentes, loucos, abandonados, desprezados, pobres, presos. Se meu amor cresce, poderei, aos poucos, acabar preferindo levar a vida que ele levou na terra e que muitos de meus irmãos levam até hoje.

88

Vida ofertada com Cristo

Alegro-me nos sofrimentos que tenho suportado por vós e completo, na minha carne, o que falta às tribulações de Cristo em favor do seu Corpo que é a Igreja.

(Colossenses 1,24)

O discípulo de Cristo permanece neste mundo injusto e violento, onde existem ódio e divisões, no meio das tribulações, para reparar os seus pecados, mas igualmente para viver a "forma eucarística", isto é, para fazer o bem aos outros, para dar frutos de salvação, para ser luz, sal e fermento no mundo (Jo 15,16; Mt 5,16). Oferecendo a própria vida por amor, os discípulos completam na carne o que falta à paixão de Cristo, "pelo bem do Corpo que é a Igreja".

Assim, a Eucaristia não apenas nos dá força para enfrentar, com coragem e amor, as tribulações – sem milagres e privilégios –, como também nos dá a luz para compreender o porquê de nossos sofrimentos unidos aos de Jesus Cristo. É o amor que se doa e sacrifica pelo bem dos irmãos e irmãs e pela vida do mundo. O cristão, à luz da Eucaristia, não pede para ser liberado das tribulações e padecimentos que fazem parte do "estar no mundo". O cristão aceita por amor, sem milagres e privilégios, permanecer unido a Jesus Cristo, fazendo o bem na Igreja e oferecendo na paz a própria vida, na expectativa da sua vinda gloriosa na plenitude do Reino.

89

O serviço é revolucionário

Ora, houve uma discussão entre eles sobre qual deles devia ser considerado o maior. Jesus, porém, lhes disse: "[...] Entre vós, não deve ser assim. Pelo contrário, o maior entre vós seja como o mais novo, e o que manda, como quem está servindo. Afinal, quem é o maior: o que está à mesa ou o que está servindo? Não é aquele que está à mesa? Eu, porém, estou no meio de vós como aquele que serve".

(Lucas 22,24-27)

Vida nova para o mundo hoje é o gesto gratuito de amar alguém sem retorno, de fazer o bem ao outro sem buscar recompensa, de quebrar o círculo vicioso do interesse, do egoísmo, da exploração. É abrir-se para o dom, para a entrega livre, e, então, este mundo cansado, sofrido, desesperançado reencontrará a verdade de uma outra palavra de Jesus: "Sereis felizes, se fizerdes assim" (Jo 13,17). É o gesto do serviço, é até o gesto humilde de lavar os pés do irmão, do mendigo, do pobre, do doente, da criança. É o dom livre, sincero para com o irmão, que fará o mundo de conflitos e desesperanças encontrar de novo a esperança de ser feliz. Não se trata da felicidade plena – esta vem na parusia –, mas daquela felicidade que cresce como a semente do Reino e é feita não só de pequenos gestos, mas de grandes convicções e valores.

90

Na contramão da violência

Ouvistes que foi dito: "Olho por olho e dente por dente!" Ora, eu vos digo: não ofereçais resistência ao malvado! Pelo contrário, se alguém te bater na face direita, oferece-lhe também a esquerda! Se alguém quiser abrir um processo para tomar a tua túnica, dá-lhe também o manto! Se alguém te forçar a acompanhá-lo por um quilômetro, caminha dois com ele! Dá a quem te pedir, e não vires as costas a quem te pede emprestado.

(Mateus 5,38-42)

O problema da convivência humana está radicalmente ligado à capacidade de conversão. A vida e a mensagem de Cristo ultrapassam a lei de Talião. Não se trata mais de pagar "olho por olho e dente por dente". É preciso revidar a violência não pela vingança, mas pela justiça e pelo perdão [...]. Temos que nos reeducar para o amor.

Enquanto a humanidade não acreditar na força da fraternidade, continuará alimentando opressões, radicalismos, divisões e hostilidades. Para cessar a brutalidade da violência, é preciso recorrer a Deus. Ninguém consegue acolher o próximo como irmão sem a graça de Deus. Revida-se a violência pelo perdão; perdão de injustos e injustiçados. Perdoar é mais do que esquecer a ofensa; é amar e fazer o bem a quem nos ofendeu. Isso só podemos aprender com Deus. Mais forte do que a violência é quem a vence.

91

A paz de Cristo em nossa vida

Deixo-vos a paz, dou-vos a minha paz. Não é à maneira do mundo que eu a dou. Não se perturbe, nem se atemorize o vosso coração.

(João 14,27)

Deus é o Senhor da paz. Jesus desejava a todos a paz. Unindo nossa prece à das crianças inocentes, dos enfermos e dos simples, vamos pedir a Deus que nos conceda o grande dom da paz. Em primeiro lugar, precisamos da paz interior, reconciliando-nos com Deus no coração e acolhendo os irmãos, em nosso íntimo, pelo perdão. Sem amor não haverá concórdia entre os povos. A capacidade de reprovar o erro e de buscar a justiça deve levar sempre à atitude de perdão ao pecador. Temos que detestar e corrigir o mal, mas, por outro lado, amar e libertar o irmão que pratica o erro. Vem depois a paz das armas. É indispensável que aprendamos sempre mais a desarmar as mentes, dominar a cobiça e a ambição e banir para sempre o recurso à violência nas relações humanas. Para isso, temos que ser humildes e rezar. Gandhi dizia: "O mundo está cansado de ódio". E a quem perguntava a ele sobre a bomba atômica, respondia que a enfrentaria com um momento de oração. Seja essa também nossa convicção de que, pelo recurso a Deus, conseguiremos desarmar o mundo.

92

Comunhão com Deus

Eu sou a videira verdadeira e meu Pai é o agricultor. Todo ramo que não dá fruto em mim, ele corta; e todo ramo que dá fruto, ele limpa, para que dê mais fruto ainda. Vós já estais limpos por causa da palavra que vos falei. Permanecei em mim, e eu permanecerei em vós. Como o ramo não pode dar fruto por si mesmo, se não permanecer na videira, assim também vós não podereis dar fruto se não permanecerdes em mim. Eu sou a videira e vós, os ramos. Aquele que permanece em mim, como eu nele, esse dá muito fruto; pois sem mim, nada podeis fazer.

(João 15,1-5)

O plano divino da salvação mostra-nos a beleza do amor de Deus, que estabelece, ao longo da história, constante comunicação com a humanidade e alcança a sua perfeição na presença e na palavra de Jesus. Ele nos revela a vida trinitária e a promessa de comunhão plena e feliz entre Deus e cada pessoa humana. Toda revelação é, assim, manifestação amorosa do mistério de Deus. Esse empenho de comunhão entre Criador e criatura tem sua expressão mais íntima no diálogo e colóquio interior, em que, pela oração, somos convidados a manter uma crescente união com Deus já nesta vida. É essa comunhão profunda que vence toda solidão e nos faz saborear a alegria de ser amados e de amar.

93

Igreja da comunhão

Eles eram perseverantes em ouvir o ensinamento dos apóstolos, na comunhão fraterna, na fração do pão e nas orações. Apossava-se de todos o temor, e pelos apóstolos realizavam-se numerosos prodígios e sinais. Todos os que abraçavam a fé viviam unidos e possuíam tudo em comum; vendiam suas propriedades e seus bens e repartiam o dinheiro entre todos, conforme a necessidade de cada um. Perseverantes e bem unidos, frequentavam diariamente o templo, partiam o pão pelas casas e tomavam a refeição com alegria e simplicidade de coração. Louvavam a Deus e eram estimados por todo o povo. E, cada dia, o Senhor acrescentava a seu número mais pessoas que seriam salvas.

(Atos 2,42-47)

A gratuidade do amor é a novidade da mensagem de Jesus Cristo. Amor gratuito, amor a fundo perdido. Esse é o amor novo, o amor de Jesus Cristo, tanto que as primeiras comunidades de que temos notícias nos Atos dos Apóstolos foram comunidades em que a idade, a nação, o preparo, a riqueza e a classe social não tiveram mais que pôr barreiras. Houve ali um coração só, uma vida só, e colocaram até em comum os bens; um grande sinal dessa comunidade de amor.

94

Jesus e o Pai

Naquela mesma hora, Jesus exultou no Espírito Santo e disse: "Eu te louvo, Pai, Senhor do céu e da terra, porque escondeste essas coisas aos sábios e entendidos e as revelaste aos pequeninos. Sim, Pai, assim foi do teu agrado. Tudo me foi entregue por meu Pai, e ninguém conhece o Filho, a não ser o Pai; e ninguém conhece o Pai, a não ser o Filho e aquele a quem o Filho o quiser revelar".

(Lucas 10,21-22)

Era pelo Pai que Jesus se deixava possuir nas horas silenciosas da noite ou cedo, antes do amanhecer (Mc 1,35; Lc 6,12). Era no Pai que encontrava alento, coragem e a razão de ser de sua vida (Jo 4,34; 5,30; 6,38). Do imenso amor ao Pai nascia a compreensão pelos pecadores, a alegria pela revelação feita aos pequeninos e pela beleza dos lírios do campo. Seu amor encontrava tempo para entreter-se com as crianças (Mt 19,13), preocupar-se com a pobre mulher encurvada (Lc 13,12), compadecer-se do leproso e do cego, ir à procura dos homens perdidos e das mulheres em pecado. Jesus aparece entre os homens como totalmente esquecido de si, como "o homem-para-os-outros", no dizer de Paulo VI. Esse amor, realização afetiva tão plena, levou-o à morte, ao dom consciente de si, como prova de amor ao Pai e aos homens (Jo 14,3; 15,13).

95

A força educativa do diálogo com Deus

*Logo que Moisés entrava na Tenda, a coluna de nuvem baixava e ficava parada à entrada, enquanto o S*ENHOR *falava com Moisés. Ao ver a coluna de nuvem parada à entrada da Tenda, todo o povo se levantava e cada um se prostrava à entrada da própria barraca. O S*ENHOR *falava com Moisés face a face, como alguém que fala com seu amigo. Depois, Moisés voltava para o acampamento. Mas seu ajudante, o jovem Josué filho de Nun, não se afastava do interior da Tenda.*

(Êxodo 33,9-11)

Além dos auxílios educativos que recebemos dos mestres e companheiros, sabemos, por experiência, que a própria vida vai nos formando pelo embate das situações e ajudando-nos a discernir valores. Melhor ainda é a força educativa do colóquio, da conversa com o próprio Deus, que nos faz captar e assimilar lições de vida que somente ele sabe comunicar. Assim, fator educativo indispensável é o exercício da oração que transmite aos jovens a certeza da presença amorosa de Deus. Vemos isso no contato do povo simples e religioso, que, sem ter acesso a estudos, viveu um processo educativo pelas vicissitudes do dia a dia, muitas vezes sob a forma de intercâmbio direto com Deus. Faz-nos bem pensar que os melhores educadores são os que continuamente aprendem novos valores e aspectos da vida com os outros e, mais ainda, em contínua oração.

96

Vida nova da fraternidade

Perseverai no amor fraterno. Não descuideis da hospitalidade; pois, graças a ela, alguns hospedaram anjos, sem o perceber. Lembrai-vos dos presos, como se estivésseis presos com eles, e dos que são maltratados, pois também vós tendes um corpo. Não vos esqueçais da prática do bem e da partilha, pois estes são os sacrifícios que agradam a Deus.

(Hebreus 13,1-3.16)

Este mundo será sempre de sofrimento e provação, mas tem que ser também o mundo do aprendizado da fraternidade. Aí está o segredo, a nosso alcance, da felicidade humana. O sofrimento não exclui a fraternidade, ao contrário, pode ser uma ocasião privilegiada de serviço, de confiança, de gratuidade no amor. Será que a nossa geração poderá redescobrir a misteriosa fórmula da fraternidade? [...] A vida nova que Jesus anuncia é, sem dúvida, a ressurreição, que acabará com o pecado e a morte, com a inveja, o ódio e a opressão. Acabará com a injustiça, a fome, a miséria e a morte prematura. Mas vida nova é, também, a experiência duradoura de um novo tipo de relacionamento humano, feito de partilha.

97

A bondade desarma

Oprimido, ele se rebaixou, nem abriu a boca! Como cordeiro levado ao matadouro ou ovelha diante do tosquiador, ele ficou calado, sem abrir a boca. Sem ordem de prisão e sem sentença, foi detido, e quem se preocupou com a vida dele? Foi arrancado da terra dos vivos, ferido de morte pelas rebeldias do meu povo.

(Isaías 53,7-8)

Pior do que a fome é o ódio que destrói o amor. A história, infelizmente, manifesta formas insuspeitas de maldade: agressões, torturas e assassinatos. A única solução é renunciar ao uso da violência e tornar-se aprendiz do amor. Hoje, constatamos que há quem procure justificar o uso da violência até contra inocentes. A Eucaristia reafirma a entrega da vida de Jesus para o perdão dos pecados. O profeta compara o Messias ao cordeiro manso que é imolado. Jesus, de modo livre e consciente, passou pela violência, fruto do ódio, e pediu ao Pai que perdoasse os que o crucificavam. Pagou o mal com o bem, venceu o ódio pelo amor gratuito. O mundo não terá paz se não descobrir o caminho do perdão. A bondade desarma. A Eucaristia é compromisso de amor gratuito em relação aos que nos ofendem. Somente assim será possível acabar com guerras e vinganças, quando o amor de Cristo na Eucaristia penetrar no coração da humanidade. Ele é o Cordeiro de Deus que tira o pecado do mundo.

98

Fé sem exibicionismos

Jesus estava sentado em frente do cofre das ofertas e observava como a multidão punha dinheiro no cofre. Muitos ricos depositavam muito. Chegou então uma pobre viúva e deu duas moedinhas. Jesus chamou os discípulos e disse: "Em verdade vos digo: esta viúva pobre deu mais do que todos os outros que depositaram no cofre. Pois todos eles deram do que tinham de sobra, ao passo que ela, da sua pobreza, ofereceu tudo o que tinha para viver".

(Marcos 12,41-44)

Nas coisas do Espírito, mais vale o amor que a aparência. Isso fica mais claro se compreendermos certos exemplos. Outro dia, ao celebrar a missa, na hora do ofertório, veio a mim uma mulher paupérrima e me ofereceu uma folha de couve-flor – evidentemente, ela era pobre. Isso nos faz pensar no óbolo da viúva e, mais do que nunca, vê-se a força do amor na simplicidade do dom, que, em si mesmo, pouco vale, mas representa grandeza de generosidade, bondade de coração. Naquela folha de couve-flor estava toda a bondade daquela mulher. O mundo é feito de coisas grandes, mas a maior não é a que aparece, e sim a magnanimidade do coração, a generosidade, a paciência dessas almas grandes que se traduzem em gestos que, embora pobres, são portadores de uma intensa vida espiritual, de um grande ímpeto de amor, de transformação do mundo.

99

Celebrar o Natal

Havia naquela região pastores que passavam a noite nos campos, tomando conta do rebanho. Um anjo do Senhor lhes apareceu, e a glória do Senhor os envolveu de luz. Os pastores ficaram com muito medo. O anjo então lhes disse: "Não tenhais medo! Eu vos anuncio uma grande alegria, que será também a de todo o povo: hoje, na cidade de Davi, nasceu para vós o Salvador, que é o Cristo Senhor!"

(Lucas 2,8-11)

Natal é mais uma vez celebração do nascimento de Jesus Cristo na história da humanidade. Para quem tem a graça da fé, é a ocasião de agradecer a Deus por ter-nos dado seu Filho. Ele veio nos libertar do egoísmo e do pecado, da divisão e da violência. Veio nos ensinar que o perdão acontece de verdade, que é possível vencer o mal com o bem, que a vida não acaba com a morte. Veio anunciar que Deus é Pai de todos; para além das raças e classes, somos todos irmãos. Veio resgatar o sentido da dor, mostrando que é possível sofrer por solidariedade, fazendo-se pobre e pequeno, perseguido e injustiçado, para revelar o amor e salvar os irmãos. Tudo isso é Natal. Acolher Jesus Cristo que nasce de novo é reconhecê-lo presente na pessoa de cada irmão; é comprometer-se em fazê-lo feliz, não só pelo presente de um dia como também pelo empenho em transformar as estruturas sociais para que todos tenham condições mais dignas de vida, como Deus quer.

100

Amar de verdade

Sabemos que passamos da morte para a vida, porque amamos os irmãos. Quem não ama permanece na morte. Todo aquele que odeia o seu irmão é um homicida. E sabeis que nenhum homicida tem a vida eterna permanecendo nele. Nisto sabemos o que é o amor: Jesus deu a vida por nós. Portanto, também nós devemos dar a vida pelos irmãos. [...] Se alguém possui riquezas neste mundo e vê o seu irmão passar necessidade, mas diante dele fecha o seu coração, como pode o amor de Deus permanecer nele? Filhinhos, não amemos só com palavras e de boca, mas com ações e de verdade! Aí está o critério para saber que somos da verdade; e com isto tranquilizaremos na presença dele o nosso coração.

(1 João 3,14-19)

Jesus Cristo veio nos ensinar a dar a vida pelo nosso irmão. São os atos de doação fraterna, constantes e concretos, que irão pouco a pouco despertando a consciência de um povo para a superação do egoísmo e da cegueira do coração. Não basta que cada um valorize a própria vida. É preciso aprender a amar a vida de nosso próximo, a ponto de respeitá-la e promovê-la, mesmo à custa de ingentes sacrifícios.

Cronologia da vida de Dom Luciano Mendes de Almeida

1930   No dia 5 de outubro, nasceu Luciano Pedro Mendes de Almeida na cidade do Rio de Janeiro-RJ. Segundo de sete filhos de Cândido Mendes de Almeida e Emília de Mello Vieira Mendes de Almeida, recebeu dos pais uma sólida formação cristã.

1937   No dia 8 de setembro recebeu a Primeira Comunhão. Nesse mesmo dia lhe foi perguntado o que queria ser quando adulto, e ele respondeu: "Padre-aviador". O desejo de ser aviador surgia da identificação com o tio, do qual levava o nome e que tinha falecido na Primeira Guerra Mundial.

1945   Ao sair incólume de uma queda no morro da Gávea (Rio de Janeiro), chegando à borda do precipício, percebeu que no feliz desfecho daquele acidente talvez Deus estivesse lhe pedindo uma entrega maior ao serviço dos irmãos e irmãs. Deixou-se guiar no discernimento pelo seu diretor espiritual, o jesuíta Pe. Félix de Almeida.

1947   Ingressou no noviciado da Companhia de Jesus, no Colégio Anchieta, em Nova Friburgo-RJ. O impacto da nova realidade foi tão marcante que ele mesmo afirmou: "Não era apenas um noviciado, mas um fazer experiência da vida dos sofredores, sem a qual não se pode ser consagrado a Deus".

1951	Iniciou o curso de Filosofia no Colégio Anchieta, em Nova Friburgo-RJ.
1953	Licenciou-se em Filosofia com nota máxima *Summa cum laude*. Pelas excelentes capacidades intelectuais, os superiores quiseram que realizasse o exame *De universa philosophiae* em ato público.
1954	Exerceu a função de prefeito no seminário menor da Companhia de Jesus, em Nova Friburgo, e regularmente visitava os doentes do sanatório da mesma cidade.
1955	Em Roma (Itália), iniciou os estudos de Teologia na Pontifícia Universidade Gregoriana e desempenhou seu apostolado semanal com os menores infratores detidos no Instituto Gabelli, da rua de Porta Portese.
1958	No dia 5 de julho, em Roma, na Igreja Santo Inácio foi ordenado presbítero por Dom Luigi Traglia, bispo auxiliar da Diocese de Roma.
1959	Concluiu os estudos de Teologia com nota máxima *Suma cum laude* e mudou-se para Florença (Itália), para a Terceira Provação da formação dos jesuítas. Nessa etapa, dedicou-se aos migrantes ítalo-gregos.
1960	Em Roma, começou os estudos de doutorado em Filosofia e especialização em Teologia Espiritual, na Pontifícia Universidade Gregoriana. Era muito procurado pelos pobres de Roma, que faziam longas filas diante do Colégio Pio Brasileiro, onde exercia o ministério de diretor espiritual.
1964	Em Roma, fez sua profissão solene, emitindo os quatro votos dos jesuítas. Seu desejo era ser missionário na África ou no Japão.

1965 Doutorou-se em Filosofia com uma tese sobre "A imperfeição intelectiva do espírito humano: introdução à teoria tomista do conhecimento do outro". Recebeu nota máxima *Suma cum laude*. Em seguida, foi destinado a viver sua missão apostólica no Brasil, como professor e formador dos jesuítas.

1966 Em São Paulo, assumiu a diretoria da Faculdade Nossa Senhora Medianeira, no quilômetro 46 da Via Anhanguera.

1970 Foi nomeado instrutor da Terceira Provação no Brasil.

1973 Recebeu o encargo de delegado interprovincial dos jesuítas no Brasil. Nesse mesmo ano, foi escolhido como vice-presidente da Conferência dos Religiosos do Brasil (CRB) de São Paulo.

1974 Em Roma, participou da 32ª Congregação Geral da Companhia de Jesus, com a função de secretário.

1976 No dia 25 de fevereiro, foi nomeado bispo titular de Turris em Proconsolaris e auxiliar da Arquidiocese de São Paulo. Escolheu como lema episcopal: *In nomine Iesu* (Em nome de Jesus). Em 2 de maio recebeu a ordenação episcopal pelo Cardeal Dom Paulo Evaristo Arns, arcebispo de São Paulo. Ficou responsável pela Região Episcopal Leste I – Belém, uma das mais pobres de São Paulo.

1977 Com o apoio de Dom Paulo Evaristo Arns, fundou a Pastoral do Menor.

1978 Incentivou a criação do Movimento de Defesa do Favelado (MDF), reunindo as favelas da região de Belém, em São Paulo.

1979	De 27 de janeiro a 12 de fevereiro participou da III Conferência do CELAM em Puebla de Los Angeles, no México. No dia 23 de abril, em Itaici-SP, durante a 17ª Assembleia Geral da Conferência Nacional dos Bispos do Brasil, foi eleito secretário-geral da CNBB, com 219 votos em primeiro escrutínio.
1980	Em 30 de março, em El Salvador, participou dos funerais de Dom Oscar Romero.
1983	Celebrou o 25º aniversário de ordenação presbiteral com os mais pobres da comunidade Jardim Sinhá, em São Paulo.
1986	Em 11 de dezembro, a Unicef conferiu-lhe o Prêmio Criança e Paz pelo trabalho em prol de crianças e adolescentes do Brasil.
1987	Em 27 de abril, foi eleito presidente da CNBB. Em outubro, em Roma, participou do Sínodo dos Bispos sobre o Laicato. Em dezembro, foi até Roraima para manifestar solidariedade ao bispo Dom Aldo Mogiano. Na volta, foi recebido pelo Ministro do Interior para relatar a situação do povo indígena Yanomami.
1988	Em 6 de abril, foi nomeado arcebispo de Mariana-MG, onde ingressou no dia 28 de maio.
1989	Em 9 de agosto, foi convocado a depor na CPI do Senado sobre as invasões de terra e o atraso da reforma agrária. Nessa ocasião, apresentou a proposta de uma reforma agrária em nível municipal.
1990	De 11 a 16 de fevereiro, em Roma, participou do Sínodo dos Bispos sobre a formação presbiteral. De volta ao Brasil,

em 23 de fevereiro, às 11h30, no km 47 da BR-356, Rodovia dos Inconfidentes, na curva de Itabirito, seu carro chocou-se primeiro com um caminhão-tanque e depois com a proteção da pista. Entre a vida e a morte, passou por catorze cirurgias. Em março foi nomeado, pelo Papa João Paulo II, membro do Pontifício Conselho de Justiça e Paz. Em 14 de outubro, recebeu o prêmio "Artífice da Paz", no SERMIG de Turim (Itália).

1991   Em 17 de abril, foi reeleito presidente da CNBB. De 6 a 13 de outubro, recebeu o Papa João Paulo II em visita ao Brasil. Em novembro, prestou depoimento na CPI que investigava o extermínio de crianças.

1992   Participou da IV Conferência Geral do CELAM, em Santo Domingo. Sua presença foi decisiva para o bom êxito da assembleia e para a redação do documento final.

1994   Depôs na CPI que investigava a exploração e prostituição infantojuvenil. De 2 a 10 de outubro, participou do Sínodo dos Bispos sobre a Vida Consagrada.

1995   De 18 a 25 de março, visitou o Japão a convite da Comissão Católica para Migrações e da Comissão para a Cooperação Internacional da Conferência Episcopal do Japão.

1998   Em 8 de dezembro, a Presidência da República conferiu-lhe o Prêmio Direitos Humanos.

2001   Em 2 de maio, em Mariana-MG, celebrou o 25º Aniversário de Ordenação Episcopal, com a participação de cerca de três mil fiéis. De 30 de setembro a 27 de outubro, em Roma, participou do Sínodo dos Bispos sobre o ministério episcopal.

2003   Presidiu a Comissão da CNBB de Exigências Éticas e Evangélicas de Superação da Miséria e da Fome.

2006   Em 2 de maio, em Belo Horizonte-MG, a Faculdade Jesuíta de Filosofia e Teologia (FAJE) conferiu-lhe o título de Doutor *Honoris Causa* em Teologia. No dia 20 de maio, em Florianópolis-SC, no Simpósio Teológico do XV Congresso Eucarístico Nacional, proferiu a sua última conferência, sobre "Eucaristia e transformação da sociedade". Em 27 de agosto, faleceu em São Paulo. Antes de morrer, pediu ao irmão Luiz Fernando: "Não abandone meus pobres".

2014   No dia 27 de agosto, na Arquidiocese de Mariana, abriu-se a fase diocesana do Processo de Beatificação e Canonização do Servo de Deus Dom Luciano Pedro Mendes de Almeida.

2018   Concluiu-se a fase diocesana do Processo de Beatificação e Canonização do Servo de Deus Dom Luciano Pedro Mendes de Almeida.

Referências bibliográficas

CONFERÊNCIA NACIONAL DOS BISPOS DO BRASIL. *Comunicado mensal*, Brasília, Edições CNBB, v. 40, n. 456, nov. 1991.

COUTINHO, Wilson. O Brasil precisa de ética. *Sedoc*, Petrópolis, v. 23, n. 234, p. 245-251, 1992. Entrevista a Dom Luciano Medes de Almeida.

DONEGANA, Costanzo; DIAS, Paulo da Rocha. Apaixonado por Cristo e pelos pobres. *Mundo e Missão*, São Paulo, v. 8, n. 55, p. 19-26. Especial.

MENDES, Luciano. Acolher os migrantes. *Missão Jovem*, Florianópolis, v. 19, p. 6, out. 2005.

_____. Alargar o horizonte. *Itaici*, São Paulo, v. 15, n. 59, p. 77-78, 2005.

_____. Educação e juventude. *Missão Jovem*, Florianópolis, v. 19, p. 6, abr. 2005.

_____. A educadora. *Missão Jovem*, Florianópolis, v. 18, p. 6, jun. 2004.

_____. Amor não tem cor. *Missão Jovem*, Florianópolis, v. 16, p. 8, mar. 2006.

_____. Amazônia, terra de missão. *Itaici*, São Paulo, n. 67, p. 11-12, 2007.

_____. A misericórdia. *Itaici*, São Paulo, v. 18, n. 72, p. 57-58, 2008.

_____. *A serviço da vida e da esperança*: mensagens às famílias cristãs. São Paulo: Paulinas, 1997.

_____. A Igreja e a 2ª semana social brasileira. *Sedoc*, Petrópolis, v. 26, n. 241, p. 349-354, nov./dez. 1993.

_____. *Educação, sociedade e participação*. Mariana: Centro de Documentação Dom Luciano Mendes de Almeida – Arquidiocese de Mariana. Parte de livro, p. 7-14. Mimeografado.

_____. Eucaristia e transformação da sociedade. *Perspectiva Teológica*, Belo Horizonte, v. 38, n. 106, p. 375-384, set./dez. 2006. Notas e comentários.

_____. Eucaristia, mistério de comunhão. *Dom Luciano Mendes de Almeida*: formação e magistério. Disponível em: <htpp://www.famariana.edu.br>. Acesso em: 26 dez. 2013. Palestra, [s.d.].

_____. Experiência de caridade fraterna. *Dom Luciano Mendes de Almeida*: formação e magistério. Disponível em: <htpp://www.famariana.edu.br>. Acesso em: 26 dez. 2013. Curso, mar. 1972.

_____. Família: aprendizado do amor. *Missão Jovem*, Florianópolis, v. 19, n. 203, p. 6, ago. 2005.

_____. Humanismo e civilização do amor: reflexões de Dom Luciano Mendes de Almeida, sj, sobre o humanismo e a civilização do amor, em palestra proferida durante as Jornadas

Humanísticas. *Mundo e Missão*, São Paulo, v. 13, n. 107, p. 21-24, nov. 2006. Especial.

_____. *Igreja Católica na América tropical*. Mariana: Centro de Documentação Dom Luciano Mendes de Almeida – Arquidiocese de Mariana. Palestra [s.d.], p. 86-125. Mimeografado.

_____. Jesus conta conosco! *Missão Jovem*, Florianópolis, v. 18, p. 6, maio 2004.

_____. *Jesus Cristo*: luz da vida consagrada. 2. ed. São Paulo: Loyola, 1997.

_____. *O direito de viver*. 2. ed. São Paulo: Paulinas, 1987.

_____. Opção pelos pobres: educação e nova sociedade. In: ARNS, Paulo E. *et al. Opção pelos pobres*: educação e nova sociedade. XI congresso nacional da AEC – v. I. São Paulo: Loyola, 1983. p. 13-34.

_____. O protagonismo dos leigos na Igreja do Brasil hoje. *Magis*, n. 1, p. 1-29, 1994. Caderno de fé e cultura.

_____. *Paixão pela vida*: resposta ao sofrimento humano. Osasco: Nuestra America, s.d.

_____. Palavras de agradecimento de Dom Luciano. In: PAUL, Cláudio (org.). *Doctor amoris causa*: homenagem a Dom Luciano Mendes de Almeida. São Paulo: Loyola, 2007. p. 43-58.

_____. *Para uma Igreja encarnada e libertadora*. Mariana: Centro de Documentação Dom Luciano Mendes de Almeida – Arquidiocese de Mariana. Palestra para a Semana de Estudos Teológicos sobre Encarnação e Libertação, São Paulo, 14 a 19 de outubro de 1985, p. 1-6. Mimeografado.

_____. Presente de Natal. *Folha de S.Paulo*, São Paulo, 15 dez. 1984. Primeiro Caderno. p. 2.

_____. *Servir por amor*: trinta dias de Exercícios Espirituais. São Paulo: Loyola, 2001.

_____. *Vida*: a arte de conviver partilhando. Mariana: Centro de Documentação Dom Luciano Mendes de Almeida – Arquidiocese de Mariana. Artigo publicado no jornal *O Semeador*, p. 9. Mimeografado.

OLIVERO, Ernesto. *Unidos em favor da paz*: diálogos com D. Luciano Mendes de Almeida. Trad. Maurício Ruffier. 2. ed. São Paulo: Loyola, 2002.

RODRIGUES, Luzia. Dom Luciano, o novo presidente da CNBB. *Família Cristã*, São Paulo, v. 53, n. 618, p. 12-14, jun. 1987. Entrevista.

SANTOS, José Carlos; MARQUES, Lúcio Álvaro (org.). *Dizer o testemunho*: textos de autoria de Dom Luciano Mendes de Almeida, publicados na *Folha de São Paulo*, de 28/04/1984 a 28/05/1988. São Paulo: Paulinas, 2013. v. I.

SILVA, Edmar José da; MELO, Edvaldo Antônio de (org.). *Dizer o testemunho*: textos de autoria de Dom Luciano Mendes de Almeida, publicados na *Folha de São Paulo*, de 04/06/1988 a 26/12/1992. São Paulo: Paulinas, 2016. v. II.

SORRENTINO, Francesco. A caridade fraterna na vida religiosa consagrada: contribuições de Dom Luciano Mendes de Almeida. *Convergência*, v. 60, n. 483, p. 472-478, jul./ago. 2015.

_____. *Dom Luciano Mendes de Almeida*: servo de Deus, irmão dos pobres. Mariana: Dom Viçoso, 2018.

_____. Dom Luciano, um religioso exemplar: lições de serviço aos pobres. *Convergência*, Brasília, v. 61, n. 493, p. 454-463, jul./ago. 2016.

_____. *"Em que posso servir?"*: o serviço no testemunho de Dom Luciano M. de Almeida. São Paulo: Paulinas, 2015.

Sumário

Introdução 7
1. A certeza do amor de Deus.. 9
2. Deus é Pai e nós somos irmãos 10
3. A indiferença mata 11
4. Buscar o rosto de Deus 12
5. Viver bem o presente 13
6. Rodeados por testemunhas 14
7. A lição de Maria 15
8. Missão além-fronteiras 16
9. Corações transformados 17
10. É preciso evangelizar! 18
11. Amar é servir 19
12. Em favor da paz.. 20
13. O combate da vida 21
14. No tempo da paciência 22
15. A Palavra é luz 23
16. Sem medo da morte 24
17. Assumir a vida sem privilégios..25
18. No mistério de nosso íntimo 26
19. Deus encarnado... 27
20. Deus vale-se da nossa fraqueza 28

21. A fraternidade em primeiro lugar 29
22. Temos uma Mãe 30
23. Caminhamos no mundo rumo ao céu 31
24. Reconciliar-se com Deus e com os irmãos 32
25. Gratuidade e inclusão 33
26. A solidariedade faz a diferença.. 34
27. Deus é bom 35
28. Os pobres mestres de esperança 36
29. O valor da criança 37
30. Fazer experiência da luz 38
31. Missão é partilha 39
32. Da Eucaristia ao amor oblativo 40
33. Humildade libertadora 41
34. O valor do cotidiano 42
35. Não ao desânimo.. 43
36. A Eucaristia 44
37. A solidariedade visibiliza a fé 45
38. Deus tão humano e pobre 46
39. Caminhar com os pobres 47
40. Amor no lar 48
41. Neste mundo, para fazer o bem 49
42. Orar 50
43. Ser padre 51
44. Viver na paz 52
45. Somos obra-prima 53

46. Lidar com os imprevistos 54
47. Ética cristã 55
48. Um olhar sobre a Amazônia 56
49. Deus é misericórdia 57
50. Maria mãe dos pobres 58
51. Força nas provações 59
52. Cristo no outro 60
53. O verdadeiro tesouro 61
54. A partilha gera justiça 62
55. Nivelar-se para amar 63
56. Novo horizonte para os jovens 64
57. Encontrar a Deus em todas as coisas 65
58. Opção pela vida 66
59. Para uma sociedade nova 67
60. Conviver como irmãos 68
61. A novidade do perdão cristão 69
62. Igreja encarnada 70
63. Educar os filhos 71
64. Como vencer a infelicidade 72
65. Oferecer-se ao Pai pelo bem dos irmãos 73
66. A experiência do amor 74
67. Em Cristo está a nossa força 75
68. O dom da unidade 76
69. A arte da paz 77
70. Optar pelos pobres 78

71.	O segredo para ser feliz	79
72.	Aprender com Jesus a viver neste mundo	80
73.	Acolher a vida que nasce	81
74.	Terra para todos!	82
75.	Confiança no Senhor, pois ele nos ama	83
76.	A fome exige partilha	84
77.	Conhecer o outro pelo amor	85
78.	Solidariedade vivida	86
79.	Da competição à confiança recíproca	87
80.	O exemplo de Maria	88
81.	Beber da fonte	89
82.	Vingança não é solução	90
83.	Portas abertas aos migrantes	91
84.	Identificar-se com o outro	92
85.	Mãos estendidas	93
86.	A missão começa pelos últimos	94
87.	Amor sem medida	95
88.	Vida ofertada com Cristo	96
89.	O serviço é revolucionário	97
90.	Na contramão da violência	98
91.	A paz de Cristo em nossa vida	99
92.	Comunhão com Deus	100
93.	Igreja da comunhão	101
94.	Jesus e o Pai	102
95.	A força educativa do diálogo com Deus	103

96. Vida nova da fraternidade...104
97. A bondade desarma 105
98. Fé sem exibicionismos 106
99. Celebrar o Natal...107
100. Amar de verdade 108
Cronologia da vida de Dom Luciano
   Mendes de Almeida...109
Referências bibliográficas.. 115

Rua Dona Inácia Uchoa, 62
04110-020 – São Paulo – SP (Brasil)
Tel.: (11) 2125-3500
http://www.paulinas.com.br – editora@paulinas.com.br
Telemarketing e SAC: 0800-7010081